DEUTSCHE
BIBEL
GESELLSCHAFT

BasisBibel

Lukas-Evangelium

Deutsche
Bibelgesellschaft

www.basisbibel.de

Empfehlung der EKD zur BasisBibel
Die Lutherbibel 2017 ist die vom Rat der Evangelischen Kirche in Deutschland (EKD) für den kirchlichen Gebrauch empfohlene Übersetzung. In Ergänzung dazu empfiehlt der Rat der EKD die BasisBibel als gut lesbare Bibelübersetzung insbesondere zur Erstbegegnung mit der Bibel und im Bereich der Arbeit mit Kindern, Konfirmanden und Jugendlichen.

Über die Deutsche Bibelgesellschaft
Die Deutsche Bibelgesellschaft ist eine kirchliche Stiftung des öffentlichen Rechts. Sie übersetzt die biblischen Schriften, entwickelt und verbreitet innovative Bibelausgaben und eröffnet für alle Menschen Zugänge zur Botschaft der Bibel. International verantwortet sie die wissenschaftlichen Bibelausgaben in den Ursprachen. Durch die Weltbibelhilfe unterstützt sie in Zusammenarbeit mit dem Weltverband der Bibelgesellschaften (United Bible Societies) weltweit die Übersetzung und Verbreitung der Bibel, damit alle Menschen die Bibel in ihrer Sprache lesen können.
Weitere Informationen finden Sie unter www.die-bibel.de

BasisBibel. Die Komfortable.
Lukas-Evangelium

ISBN 978-3-438-00930-2

Innentypografie:
Farnschläder & Mahlstedt, Hamburg
Satz: Deutsche Bibelgesellschaft, Stuttgart
Druck- und Bindearbeiten:
Beltz Grafische Betriebe, Bad Langensalza

Printed in Germany

07.2023

Die Gute Nachricht nach Lukas

Das Evangelium nach Lukas ist – ebenso wie die anderen Evangelien – ein Bericht über das Leben und Wirken von Jesus. Doch im Unterschied zu den anderen Evangelien endet die Darstellung des Lukas nicht mit der Auferstehung von Jesus: In der Apostelgeschichte, dem zweiten Teil seines Werkes, berichtet Lukas, wie die Gute Nachricht weit über die Grenzen Jerusalems hinaus sogar bis nach Rom verkündet wurde.

Die Bezeichnung »Evangelium nach Lukas« – oder deutsch: »Die Gute Nachricht nach Lukas« – stammt aus der Zeit zwischen 100 und 200 n. Chr. Damals vermutete man, dass ein Mitarbeiter des Paulus namens Lukas das Evangelium und die Apostelgeschichte geschrieben hat. Lukas wird in den Briefen des Paulus erwähnt (2. Timotheus 4,11; Philemon 24). Nach Kolosser 4,14 war er Arzt. Heute geht man nicht mehr davon aus, dass das Evangelium von diesem Lukas stammt. Dennoch ist man dabei geblieben, den Verfasser des Evangeliums »Lukas« zu nennen.

Lukas war ein gebildeter Theologe. Er wusste, wie die Geschichtsschreiber seiner Zeit arbeiteten, und orientierte sich daran. Außerdem kannte Lukas das Alte Testament und die jüdischen Sitten und Bräuche sehr genau. Er hat seinen Bericht wahrscheinlich für Menschen geschrieben, die – wie er selbst – den Glauben an Jesus Christus angenommen hatten, aber nicht aus dem jüdischen Volk stammten. Lukas hat sein Werk einem gewissen Theophilus gewidmet (1,3). Theophilus war vermutlich ein angesehenes und wohlhabendes Mitglied einer der Gemeinden, für die Lukas schrieb. Vielleicht wurde Lukas von ihm auch finanziell unterstützt. Das Evangelium nach Lukas ist wahrscheinlich in der Zeit zwischen 80 und 90 n. Chr. entstanden.

Lukas kannte das Markusevangelium und verwendete dieses als Grundlage für seine eigene Darstellung. Daneben stand ihm eine schriftliche Quelle mit Aussprüchen von Jesus zur Verfügung, die sogenannte Spruchquelle. Lukas arbeitete in sein Werk außerdem weitere Überlieferungen ein, die in den frühen Gemeinden im Umlauf waren. In einem kurzen Vorwort (1,1-4) gibt er Auskunft über sein Vorgehen: Wie es sich für einen Geschichtsschreiber seiner Zeit gehörte, hat Lukas alle Quellen und Berichte gründlich geprüft. Er möchte zuverlässig und der Reihe nach über das Leben und Wirken von Jesus berichten. Außerdem nennt Lukas die Regierenden in Judäa und im

Römischen Reich (1,5; 2,1; 3,1) und ordnet so den Bericht über Jesus zeitlich genau ein.

Das Evangelium nach Lukas beginnt im Unterschied zum Markusevangelium mit einer Vorgeschichte (1,1–4,13). Darin wird unter anderem die Geburt von Jesus und der Beginn seines Wirkens geschildert. Im weiteren Aufbau folgt das Lukasevangelium dem Markusevangelium: Auf das Wirken von Jesus in Galiläa (4,14–9,50) folgt der Weg nach Jerusalem (9,51–19,27). Im Anschluss wird erzählt, wie Jesus nach Jerusalem kommt und wie sich dort der Konflikt zwischen ihm und seinen Gegnern immer weiter zuspitzt (19,28–21,38). Im letzten Teil (22–24) wird über das Leiden, den Tod und die Auferstehung von Jesus berichtet.

Die Darstellung des Weges nach Jerusalem (9,51–19,27) ist bei Lukas deutlich länger als in den anderen Evangelien. Sie enthält viele bekannte Geschichten, die bei Matthäus und Markus nicht vorkommen: das Beispiel vom barmherzigen Samariter (10,29-37), das Gleichnis vom Vater und seinen beiden Söhnen (15,11-32) und die Erzählung von dem Zolleinnehmer Zachäus (19,1-10). Auch am Beginn und Schluss des Evangeliums finden sich zusätzliche Geschichten, darunter so bekannte wie die Weihnachtsgeschichte (1–2) und die Erzählung, wie Jesus in den Himmel aufgenommen wird (24,50-53).

Lukas hebt in seinem Evangelium besonders hervor, wie Jesus sich um die Armen kümmert (4,18; 6,20; 16,19-31; 21,1-4). Er warnt vor den Gefahren des Reichtums (12,13-21) und ruft dazu auf, barmherzig zu sein. Jesus geht auch auf diejenigen zu, die Schuld auf sich geladen oder sich von Gott abgewendet haben (5,27-32; 19,1-10). Besonders deutlich wird das in Lukas 15. Die drei Gleichnisse in diesem Kapitel zeigen: Wie sich Menschen freuen, wenn sie etwas verloren Geglaubtes wiederfinden, so freut sich Gott, wenn ein Sünder sein Leben ändert.

Auch den Frauen schenkt Lukas in seinem Evangelium besondere Aufmerksamkeit: In den Geschichten über die Geburt von Jesus und Johannes treten neben Maria (1,27) auch Elisabet (1,5) und Hanna (2,36) in Erscheinung. Später wird erzählt, wie Jesus bei zwei Schwestern – Maria und Marta – zu Gast ist (10,38-42). Und wir erfahren, dass es Frauen gab, die Jesus und seine Jünger unterstützten (8,1-3). Schließlich zeigt Jesus seinen Jüngern am Beispiel einer Witwe, wie sie beten sollen (18,1-8).

Für Lukas ist Jesus der wahre Lehrer Israels, den Gott mit besonderer Vollmacht ausgestattet hat (4,31-37): Er heilt die Menschen und verkündet ihnen, was der Wille Gottes ist. Doch schon von Beginn an wird deutlich: Jesus ist nicht nur der Retter, auf den das Volk Israel gewartet hat, er ist auch der Retter der Welt (2,31-32).

Die Vorgeschichte und der Beginn des Wirkens von Jesus 1,1–4,13

Die Geburt und Kindheit von Johannes dem Täufer und von Jesus 1,1–2,52

Vorwort des Evangeliums

1 1 Schon viele haben es versucht,
die Ereignisse im Zusammenhang aufzuschreiben,
die Gott unter uns geschehen ließ –
2 und zwar so,
wie es uns von den Augenzeugen überliefert wurde.
Die waren von Anfang an dabei
und erhielten den Auftrag, das Wort zu verkünden.
3 Auch ich bin all dem bis zu den Anfängen
noch einmal sorgfältig nachgegangen.
Dann habe ich mich dazu entschlossen,
für dich, verehrter Theophilus,
alles in der richtigen Reihenfolge aufzuschreiben.
4 So kannst du dich davon überzeugen,
wie zuverlässig die Lehre ist,
in der du unterrichtet wurdest.

Die Geburt von Johannes dem Täufer wird angekündigt

5 Zu der Zeit, als Herodes König von Judäa war,
lebte ein Priester mit Namen Zacharias.
Er gehörte zur Priestergruppe des Abija.
Seine Frau stammte von Aaron ab
und hieß Elisabet.
6 Beide lebten gerecht vor Gott:
Sie hielten sich in allem genau an die Gebote
und Vorschriften des Herrn.
7 Aber sie hatten keine Kinder.
Denn Elisabet konnte keine Kinder bekommen,
und beide waren schon alt.

8 Einmal hatte Zacharias im Tempel Gottesdienst zu halten,
weil seine Priestergruppe an der Reihe war.
9 Es war üblich,
die Aufgaben der Priester durch das Los zu verteilen.
Zacharias fiel das Räucheropfer zu,
deshalb ging er in den Tempel des Herrn hinein.
10 Die ganze Volksmenge betete draußen,
während er das Räucheropfer darbrachte.

11 Da erschien ihm ein Engel des Herrn.
Der stand auf der rechten Seite des Räucheraltars.

Theophilus: Vermutlich Mitglied einer der Gemeinden, für die Lukas schreibt. Er ist auch der Adressat der Apostelgeschichte, vgl. Apostelgeschichte 1,1.

Herodes der Große: König über Judäa, Samarien, Galiläa und die angrenzenden Gebiete (37–4 v. Chr.).

Aaron: Bruder von Mose und erster Hohepriester Israels. Er gilt in der Bibel als Stammvater der Priester.

gerecht, Gerechtigkeit: Meint ein Leben nach dem Willen Gottes.

Herr: Bezeichnung für Gott. Das griechische Alte Testament verwendet das Wort »Herr« an den Stellen, an denen im hebräischen Text der Gottesname steht.

Priestergruppe: 1. Chronik 24,7-19 zufolge gab es im Tempel 24 Priestergruppen, die zweimal im Jahr je eine Woche für den Gottesdienst verantwortlich waren.

Elija: Prophet, der am Ende seines Lebens direkt von Gott in den Himmel geholt wurde. Sein Wiederkommen wird als Zeichen für das beginnende Gericht Gottes erwartet, vgl. Maleachi 3,23.

Gabriel: Einer der obersten Engel in der himmlischen Ratsversammlung.

12 Als Zacharias ihn sah, erschrak er,
und große Furcht überkam ihn.
13 Aber der Engel sagte zu ihm:
»Fürchte dich nicht, Zacharias!
Dein Gebet ist erhört worden.
Deine Frau Elisabet wird dir einen Sohn schenken.
Dem sollst du den Namen Johannes geben.
14 Du wirst dich freuen und jubeln.
Ja, viele werden sich über seine Geburt freuen.
15 Der Herr hat ihn zu Großem bestimmt:
Er wird auf Wein und Bier verzichten.
Schon im Mutterleib wird Gott ihn
mit dem Heiligen Geist erfüllen.
16 Viele aus dem Volk Israel wird er zurückbringen
zum Herrn, ihrem Gott.
17 Er wird dem Herrn als Bote vorausgehen –
im gleichen Geist und mit der gleichen Kraft
wie der Prophet Elija.
Die Herzen der Väter wird er den Kindern zuwenden.
Ungehorsame wird er dazu bringen,
vor Gott gerecht zu handeln und zu denken.
So wird er ein Volk zum Herrn bringen,
das für ihn bereit ist.«
18 Da sagte Zacharias zu dem Engel:
»Woran kann ich erkennen, dass es so kommt?
Denn ich bin ein alter Mann,
und auch meine Frau ist schon alt.«
19 Der Engel antwortete:
»Ich bin Gabriel, der vor Gott steht.
Gott hat mich gesandt, um mit dir zu reden
und dir diese gute Nachricht zu bringen.
20 Doch nun höre: Du wirst stumm sein
und nicht reden können bis zu dem Tag,
an dem das eintrifft.
Denn du hast meinen Worten nicht geglaubt.
Sie werden aber in Erfüllung gehen,
wenn die Zeit dafür gekommen ist.«

21 Das Volk wartete auf Zacharias.
Es wunderte sich, weil er so lange im Tempel blieb.
22 Als er dann herauskam,
konnte er nicht zu ihnen sprechen.
Da erkannten sie,
dass er im Tempel eine Erscheinung gehabt hatte.
Er gab ihnen Zeichen, blieb aber stumm.
23 Als die Zeit seines Priesterdienstes vorüber war,
kehrte er nach Hause zurück.

[24] Bald darauf wurde seine Frau Elisabet schwanger.
Sie zog sich fünf Monate lang völlig zurück.
Sie sagte: [25] »Das hat der Herr an mir getan.
Jetzt hat er sich um mich gekümmert
und mich von der Verachtung der Menschen befreit.«

Die Geburt von Jesus wird angekündigt

[26] Elisabet war im sechsten Monat schwanger.
Da schickte Gott den Engel Gabriel zu einer Jungfrau
in die Stadt Nazaret in Galiläa.
[27] Sie war mit einem Mann verlobt,
der Josef hieß und ein Nachkomme Davids war.
Die Jungfrau hieß Maria.
[28] Der Engel trat bei ihr ein und sagte:
»Sei gegrüßt! Gott hat dir seine Gnade geschenkt.
Der Herr ist mit dir.«
[29] Maria erschrak über diese Worte
und fragte sich: »Was hat dieser Gruß zu bedeuten?«

[30] Da sagte der Engel zu ihr:
»Fürchte dich nicht, Maria.
Gott schenkt dir seine Gnade:
[31] Du wirst schwanger werden
und einen Sohn zur Welt bringen.
Dem sollst du den Namen Jesus geben.
[32] Er ist zu Großem bestimmt
und wird ›Sohn des Höchsten‹ genannt werden.
Gott, der Herr, wird ihm den Thron
seines Vorfahren David geben.
[33] Er wird für immer als König herrschen
über die Nachkommen Jakobs.
Seine Herrschaft wird niemals aufhören.«

[34] Da sagte Maria zu dem Engel:
»Wie soll das möglich sein?
Ich habe doch noch nie mit einem Mann geschlafen!«
[35] Der Engel antwortete:
»Der Heilige Geist wird auf dich kommen.
Die Kraft des Höchsten
wird dieses Wunder in dir bewirken.
Deshalb wird das Kind, das du erwartest, heilig sein
und ›Sohn Gottes‹ genannt werden.
[36] Sieh doch: Auch Elisabet, deine Verwandte,
erwartet einen Sohn trotz ihres hohen Alters.
Sie ist jetzt im sechsten Monat schwanger,
und dabei hieß es: Sie kann keine Kinder bekommen.
[37] Für Gott ist nichts unmöglich.«

Verachtung: Kinderlosigkeit galt als Zeichen dafür, dass eine Frau von Gott nicht gesegnet war.

Verlobung: Macht die Verbindung zwischen Mann und Frau rechtsgültig, ohne dass diese bereits zusammenleben.

Gnade: Liebevolle Zuwendung Gottes, die er den Menschen ohne Vorbedingung schenkt.

der Höchste: Titel für Gott, der eng mit dem Tempel in Jerusalem verbunden ist.

David: David ist ein bedeutender König von Israel. Nachdem das Königreich untergegangen war, hoffte man auf einen Nachkommen Davids als Retter und Erlöser Israels; vgl. 2. Samuel 7,12-16.

Nachkommen Jakobs: Bezeichnung für das Volk Israel. Der Stammvater Jakob wird in 1. Mose/Genesis 32,29 in Israel umbenannt.

Heiliger Geist: Kraft, durch die Gott in der Welt wirkt.

Sohn Gottes: Titel, der das besondere Vertrauensverhältnis eines Menschen zu Gott zum Ausdruck bringt. Im Neuen Testament wird der Titel ausschließlich für Jesus verwendet.

Segen, segnen: Wer einen anderen Menschen segnet, bittet Gott, dem Gesegneten Kraft, Leben und Wohlergehen zu schenken.

Herr: Titel für Jesus Christus. Im griechischen Alten Testament steht das Wort »Herr« an den Stellen, an denen im hebräischen Text der Gottesname steht. Wenn Jesus Christus so genannt wird, kommt darin zum Ausdruck: In ihm begegnet Gott selbst den Menschen.

unbedeutende Dienerin: Selbstbezeichnung, durch die Maria zum Ausdruck bringt, wie klein sie sich Gott gegenüber fühlt.

glückselig preisen: Wegen ihres Sohnes Jesus Christus werden die Menschen aller kommenden Generationen Maria ehren.

Abraham: Stammvater des Volkes Israel, vgl. 1. Mose/Genesis 12–25.

38 Da sagte Maria: »Ich diene dem Herrn.
Es soll an mir geschehen, was du gesagt hast.«
Da verließ sie der Engel.

Maria besucht Elisabet

39 Bald danach machte sich Maria auf den Weg.
So schnell sie konnte, wanderte sie
zu einer Stadt im Bergland von Judäa.
40 Dort ging sie in das Haus von Zacharias
und begrüßte Elisabet.
41 Als Elisabet den Gruß von Maria hörte,
sprang das Kind vor Freude in ihrem Bauch.
Elisabet wurde vom Heiligen Geist erfüllt
42 und rief mit lauter Stimme:
»Gesegnet bist du unter allen Frauen
und gesegnet ist das Kind in deinem Bauch!
43 Wie komme ich zu der Ehre,
dass die Mutter meines Herrn mich besucht?
44 Als ich deinen Gruß hörte,
sprang das Kind vor Freude in meinem Bauch.
45 Glückselig bist du, denn du hast geglaubt:
Was der Herr versprochen hat, geht in Erfüllung.«

Maria lobt Gott

46 Da sagte Maria:

»Ich lobe den Herrn aus tiefstem Herzen.
47 Alles in mir jubelt vor Freude
über Gott, meinen Retter.
48 Denn er wendet sich mir zu,
obwohl ich nur seine unbedeutende Dienerin bin.
Von jetzt an werden mich alle Generationen
glückselig preisen.
49 Denn Gott, der mächtig ist, hat Großes an mir getan.
Sein Name ist heilig.
50 Er ist barmherzig zu denen, die ihm Ehre erweisen –
von Generation zu Generation.
51 Er hebt seinen starken Arm
und fegt die Überheblichen hinweg.
52 Er stürzt die Machthaber vom Thron
und hebt die Unbedeutenden empor.
53 Er füllt den Hungernden die Hände mit guten Gaben
und schickt die Reichen mit leeren Händen fort.
54 Er kommt seinem Diener Israel zu Hilfe
und erinnert sich an seine Barmherzigkeit.
55 So hat er es unseren Vorfahren versprochen:
Abraham und seinen Nachkommen für alle Zeit!«

56 Maria blieb etwa drei Monate bei Elisabet.
Dann kehrte sie nach Hause zurück.

Johannes wird geboren

57 Für Elisabet kam die Zeit der Geburt,
und sie brachte einen Sohn zur Welt.
58 Ihre Nachbarn und Verwandten hörten,
dass der Herr
ihr so große Barmherzigkeit erwiesen hatte.
Sie freuten sich mit ihr.
59 Als das Kind acht Tage alt war,
kamen sie zur Beschneidung.
Sie wollten ihm den Namen
seines Vaters Zacharias geben.
60 Aber seine Mutter widersprach:
»Nein, er soll Johannes heißen!«
61 Sie hielten ihr entgegen:
»Es gibt niemanden in deiner Verwandtschaft,
der so heißt.«
62 Da fragten sie seinen Vater durch Zeichen:
»Wie soll er heißen?«
63 Er verlangte ein Wachstäfelchen und schrieb:
»Er heißt Johannes.«
Darüber wunderten sich alle.
64 Im selben Augenblick konnte Zacharias wieder sprechen.
Da begann er, Gott zu loben.

65 Große Furcht überkam alle,
die aus der Nachbarschaft gekommen waren.
Im ganzen Bergland von Judäa sprach sich herum,
was geschehen war.
66 Alle, die davon hörten, fragten sich:
»Was wird aus diesem Kind einmal werden?«
Denn offensichtlich stand es
unter dem besonderen Schutz des Herrn.

Zacharias lobt Gott

67 Da wurde Zacharias, der Vater von Johannes,
vom Heiligen Geist erfüllt.
Er begann wie ein Prophet zu reden:

68 »Gelobt sei der Herr, der Gott Israels!
Denn er ist seinem Volk zu Hilfe gekommen
und hat es erlöst.
69 Er hat uns einen starken Retter gesandt,
einen Nachkommen seines Dieners David.

Beschneidung: Das Abtrennen der Vorhaut am männlichen Glied ist für Israel Zeichen des Bundes zwischen Gott und seinem Volk.

Johannes: Der Name bedeutet übersetzt »Gott ist gnädig«.

Wachstäfelchen: Kleine, mit Wachs beschichtete Holztafel, die zur Zeit des Neuen Testaments für kurze Notizen benutzt wurde.

Prophet: Verkündet, was Gott in einer bestimmten Situation zu sagen hat.

David: David ist ein bedeutender König von Israel. Nachdem das Königreich untergegangen war, hoffte man auf einen Nachkommen Davids als Retter und Erlöser Israels; vgl. 2. Samuel 7,12-16.

Bund: 1. Mose/Genesis 17 erzählt davon, dass Gott mit Abraham, dem Stammvater Israels, einen Bund schließt.

heilig: Menschen oder Dinge, die zu Gott gehören und mit ihm in Verbindung stehen.

Schuld: Konkrete Verfehlungen, die von Gott trennen und das Gewissen belasten können.

Augustus: Regierte von 30 v. Chr. bis 14 n. Chr. als Kaiser über das Römische Reich.

römischer Statthalter: Verwalter einer Region oder Provinz im Auftrag des römischen Senats oder des Kaisers.

Betlehem: Ortschaft etwa 8 km südwestlich von Jerusalem. Micha 5,1-3 zufolge wird der zukünftige Retter der Welt und Herrscher über Israel aus dieser Stadt kommen.

70 So hat Gott es von jeher angekündigt
durch den Mund seiner heiligen Propheten –
71 einen Retter, der uns befreit von unseren Feinden
und aus der Gewalt aller, die uns hassen.
72 Damit hat Gott auch unseren Vorfahren
seine Barmherzigkeit erwiesen.
Er hat an den heiligen Bund gedacht,
den er mit ihnen geschlossen hat.
73 Ja, er hat an den Eid gedacht,
den er unserem Vater Abraham geschworen hat:
74 uns aus der Hand von Feinden zu retten.
Dann können wir ohne Angst Gott dienen
75 unser Leben lang –
in seiner Gegenwart
als Menschen, die heilig und gerecht sind.
76 Und du, Kind,
wirst ein Prophet des Höchsten genannt werden.
Du wirst dem Herrn vorangehen
und den Weg für ihn bereit machen.
77 Du schenkst seinem Volk die Erkenntnis,
dass der Herr es retten will
und ihm die Schuld vergibt.
78 Unser Gott hat ein Herz voll Erbarmen.
Darum kommt uns das Licht aus der Höhe zur Hilfe.
79 Es leuchtet denen,
die im Dunkel und im Schatten des Todes leben.
Es lenkt unsere Füße auf den Weg des Friedens.«

80 Johannes wuchs heran
und wurde zu einem verständigen Menschen.
Er lebte in der Wüste bis zu dem Tag,
an dem er öffentlich in Israel auftrat.

Jesus wird geboren

2 1 Zu derselben Zeit befahl Kaiser Augustus,
im ganzen Römischen Reich
eine Volkszählung durchzuführen.
2 Es war die erste Volkszählung. Sie fand statt,
als Quirinius römischer Statthalter in Syrien war.
3 Da machten sich alle auf,
um sich in die Steuerlisten eintragen zu lassen –
jeder in seine Heimatstadt.
4 Auch Josef ging von der Stadt Nazaret in Galiläa
nach Judäa.
Sein Ziel war die Stadt Betlehem, aus der David kam.
Denn er stammte von David ab.
5 In Betlehem wollte er sich eintragen lassen
zusammen mit Maria, seiner Verlobten.

Maria war schwanger.
6 Während sie dort waren, kam die Zeit der Geburt.
7 Maria brachte ihren ersten Sohn zur Welt.
Sie wickelte ihn in Windeln
und legte ihn in eine Futterkrippe.
Denn sie hatten in der Herberge keinen Platz gefunden.

Die Engel verkünden die Geburt von Jesus

8 In der Gegend von Betlehem waren Hirten
draußen auf den Feldern.
Sie hielten in der Nacht Wache bei ihrer Herde.
9 Auf einmal trat ein Engel des Herrn zu ihnen,
und die Herrlichkeit des Herrn umstrahlte sie.
Die Hirten erschraken und große Furcht erfasste sie.
10 Der Engel sagte zu ihnen: »Fürchtet euch nicht!
Hört doch: Ich bringe euch eine gute Nachricht,
die dem ganzen Volk große Freude bereiten wird.
11 Denn heute ist in der Stadt Davids
für euch der Retter geboren worden:
Er ist Christus, der Herr.
12 Und dies ist das Zeichen, an dem ihr das alles erkennt:
Ihr werdet ein neugeborenes Kind finden.
Es ist in Windeln gewickelt
und liegt in einer Futterkrippe.«
13 Plötzlich war der Engel umgeben
vom ganzen himmlischen Heer der Engel.
Die lobten Gott und riefen:
14 »Gottes Herrlichkeit erfüllt die Himmelshöhe!
Sein Friede kommt auf die Erde
zu den Menschen, denen er sich in Liebe zuwendet!«

Die Hirten kommen zu Jesus

15 Die Engel verließen die Hirten
und kehrten in den Himmel zurück.
Da sagten die Hirten zueinander:
»Kommt, wir gehen nach Betlehem!
Wir wollen sehen, was da geschehen ist
und was der Herr uns mitgeteilt hat!«
16 Die Hirten liefen hin, so schnell sie konnten.
Sie fanden Maria und Josef und das neugeborene Kind,
das in der Futterkrippe lag.
17 Als sie das sahen, erzählten sie,
was ihnen der Engel über dieses Kind gesagt hatte.
18 Alle, die es hörten, staunten über das,
was ihnen die Hirten berichteten.
19 Aber Maria merkte sich alle ihre Worte
und bewegte sie in ihrem Herzen.
20 Die Hirten kehrten wieder zurück.

Herrlichkeit: Bezeichnet das, was einer Person Ansehen und Macht verleiht. Gottes Herrlichkeit stellt man sich auch als strahlenden Lichtglanz vor.

Christus: Bedeutet übersetzt »der Gesalbte«. Im Alten Testament werden Könige, aber auch Propheten und Priester bei Amtsantritt gesalbt. Später wird der von Gott zum Herrscher der Welt bestimmte Retter so genannt. Im Neuen Testament ist das Jesus.

Sie priesen und lobten Gott für das,
was sie gehört und gesehen hatten.
Es war alles genau so, wie es ihnen der Engel gesagt hatte.

Jesus wird in den Tempel gebracht

21 Nach acht Tagen war es Zeit, das Kind zu beschneiden.
Es bekam den Namen »Jesus«.
So hatte es der Engel bestimmt,
noch bevor Jesus im Mutterleib empfangen wurde.
22 Die Zeit ihrer Reinigung war vorbei,
so wie sie im Gesetz des Mose festgelegt ist.
Da gingen Maria und Josef
mit Jesus nach Jerusalem.
Sie wollten das Kind
im Tempel zum Herrn bringen.
23 So schreibt es das Gesetz des Herrn vor:
»Alle Erstgeborenen sind mir heilig!
Deshalb sollt ihr mir jeden Sohn übergeben,
der als erster geboren wird.«
24 Zugleich brachten sie das Reinigungsopfer dar,
wie es im Gesetz des Herrn vorgeschrieben ist:
ein Paar Turteltauben oder zwei junge Tauben.

Simeon und Hanna erkennen in Jesus den Retter

25 Damals lebte in Jerusalem ein Mann namens Simeon.
Er lebte gerecht vor Gott und vertraute ganz auf ihn.
So wartete er auf den Trost, den Gott Israel schickt.
Der Heilige Geist leitete ihn.
26 Durch den Heiligen Geist hatte Gott ihn wissen lassen:
»Du wirst nicht sterben,
bevor du den Christus des Herrn gesehen hast.«
27 Jetzt drängte ihn der Heilige Geist,
in den Tempel zu gehen.
Gerade brachten auch die Eltern ihr Kind Jesus dorthin.
Sie wollten die Vorschriften erfüllen,
die im Gesetz für ihr Kind vorgesehen sind.

28 Simeon nahm das Kind auf den Arm.
Er lobte Gott und sagte:

29 »Herr, jetzt kann dein Diener in Frieden sterben,
wie du es versprochen hast.
30 Denn mit eigenen Augen habe ich gesehen:
Von dir kommt die Rettung.
31 Alle Welt soll sie sehen –
32 ein Licht, das für die Völker leuchtet
und deine Herrlichkeit aufscheinen lässt
über deinem Volk Israel.«

Beschneidung: Das Abtrennen der Vorhaut am männlichen Glied ist für Israel Zeichen des Bundes zwischen Gott und seinem Volk.

Zeit ihrer Reinigung: In der ersten Zeit nach der Geburt eines Kindes galt eine Frau als unrein und sollte nicht am religiösen und gesellschaftlichen Leben teilnehmen, vgl. 3. Mose/Levitikus 12.

Gesetz des Mose: Im Neuen Testament übliche Bezeichnung für die fünf Bücher Mose.

gerecht, Gerechtigkeit: Meint ein Leben nach dem Willen Gottes.

Trost: Mit Worten, wie sie sich beispielsweise in Jesaja 40,1-2 finden, wird Israel Trost und die Befreiung von Leid und Fremdherrschaft angekündigt. Zur Zeit von Jesus ist diese Hoffnung mit einer als Retter erwarteten Person verbunden, die die römische Fremdherrschaft beendet.

Heiliger Geist: Kraft, durch die Gott in der Welt wirkt.

Christus: Bedeutet übersetzt »der Gesalbte«. Im Alten Testament werden Könige, aber auch Propheten und Priester bei Amtsantritt gesalbt. Später wird der von Gott zum Herrscher der Welt bestimmte Retter so genannt. Im Neuen Testament ist das Jesus.

33 Der Vater und die Mutter von Jesus staunten über das,
was Simeon über das Kind sagte.
34 Simeon segnete sie
und sagte zu Maria, der Mutter von Jesus:
»Dieses Kind ist dazu bestimmt,
in Israel viele zu Fall zu bringen
und viele aufzurichten.
Es wird ein Zeichen Gottes sein,
dem viele sich widersetzen.
35 So soll ans Licht kommen,
was viele im Innersten denken.
Und für dich, Maria, wird es sein,
als ob ein Schwert deine Seele durchbohrt.«

36 Es war auch eine Prophetin im Tempel.
Sie hieß Hanna
und war eine Tochter Penuels aus dem Stamm Ascher.
Hanna war schon sehr alt.
Nach ihrer Hochzeit war sie sieben Jahre
mit ihrem Mann verheiratet gewesen.
37 Seitdem war sie Witwe
und nun vierundachtzig Jahre alt.
Sie verließ den Tempel nicht mehr
und diente Gott Tag und Nacht mit Fasten und Beten.
38 Jetzt kam sie dazu und lobte Gott.
Dann erzählte sie allen von dem Kind,
die auf die Rettung Jerusalems warteten.

Jesus und seine Eltern kehren nach Nazaret zurück

39 Josef und Maria erfüllten im Tempel alle Vorschriften,
die das Gesetz des Herrn vorsieht.
Dann kehrten sie nach Galiläa zurück
in ihre Heimatstadt Nazaret.
40 Jesus wuchs heran.
Er war ein kräftiges Kind.
Gott schenkte ihm immer mehr Weisheit,
und seine Gnade begleitete ihn.

Der zwölfjährige Jesus im Tempel

41 Jedes Jahr zogen die Eltern von Jesus
zum Passafest nach Jerusalem.
42 Als Jesus zwölf Jahre alt war,
gingen sie mit ihm für das Fest dorthin –
so wie es üblich war.
43 Als das Fest vorüber war,
machten sie sich wieder auf den Heimweg.
Ihr Sohn Jesus blieb in Jerusalem zurück,
aber seine Eltern merkten es nicht.

Segen, segnen: Wer einen anderen Menschen segnet, bittet Gott, dem Gesegneten Kraft, Leben und Wohlergehen zu schenken.

Stämme Israels: Israel versteht sich als Verband von zwölf Stämmen, die auf die Nachkommen der Söhne Jakobs zurückgehen.

Jerusalem: Als Zentrum des religiösen und kulturellen Lebens steht Jerusalem hier stellvertretend für das ganze Volk Israel.

Gesetz: Die Lebensvorschriften des Alten Testaments, besonders die fünf Bücher Mose.

Gnade: Liebevolle Zuwendung Gottes, die er den Menschen ohne Vorbedingung schenkt.

Passafest: Fest, das jährlich im Frühjahr gefeiert wird und an die Befreiung des Volkes Israel aus der Sklaverei in Ägypten erinnert; vgl. 2. Mose/Exodus 12–13.

Lehrer: Hier Menschen, die über die Auslegung der Heiligen Schrift diskutieren.

Haus meines Vaters: Bezeichnung für den Tempel als Haus Gottes. Jesus nennt Gott hier seinen Vater.

Tiberius: Regierte 14–37 n. Chr. als Kaiser über das Römische Reich.

Hohepriester: Hatten die Aufsicht über alles, was das Heiligtum, den Gottesdienst und den Dienst der Priester betraf.

Johannes der Täufer: Bereitet die Menschen auf das Kommen von Jesus vor.

44 Sie dachten: »Er ist bei den anderen Reisenden«,
und wanderten den ganzen Tag weiter.
Am Abend suchten sie ihn
bei den Verwandten und Bekannten.
45 Doch sie konnten ihn nicht finden.
Da kehrten sie nach Jerusalem zurück
und suchten ihn dort.

46 Am dritten Tag entdeckten sie ihn endlich im Tempel.
Dort saß er mitten unter den Lehrern.
Er hörte ihnen zu und stellte ihnen Fragen.
47 Alle, die ihn hörten,
waren sehr erstaunt über seine klugen Antworten.
48 Seine Eltern waren fassungslos,
als sie ihn dort fanden.
Seine Mutter fragte ihn:
»Kind, warum hast du uns das angetan?
Dein Vater und ich haben dich verzweifelt gesucht!«
49 Er antwortete: »Wieso habt ihr mich gesucht?
Habt ihr denn nicht gewusst,
dass ich im Haus meines Vaters sein muss?«
50 Aber sie begriffen nicht, was er da zu ihnen sagte.
51 Jesus kehrte mit seinen Eltern nach Nazaret zurück
und war ihnen gehorsam.
Seine Mutter bewahrte diese Worte in ihrem Herzen.
52 Jesus wuchs heran. Er wurde älter und weiser.
Gott und die Menschen hatten ihre Freude an ihm.

Das Auftreten von Jesus wird vorbereitet

3,1–4,13

Johannes der Täufer

→ Matthäus 3,1-6; Markus 1,2-6; Johannes 1,19-23

3 1 Es war im 15. Regierungsjahr des Kaisers Tiberius.
Pontius Pilatus war römischer Statthalter in Judäa.
Herodes regierte als Landesfürst in Galiläa,
sein Bruder Philippus als Landesfürst
in Ituräa und Trachonitis.
Und Lysanias war Landesfürst in Abilene.
2 Die Hohepriester waren Hannas und Kaiphas.

Da rief Gott Johannes in seinen Dienst.
Johannes war der Sohn des Zacharias
und lebte in der Wüste.
3 Nun zog er durch die ganze Gegend am Jordan
und verkündete den Menschen:

»Lasst euch taufen und ändert euer Leben!
Gott will euch eure Schuld vergeben.«
4 So steht es im Buch des Propheten Jesaja:
»Eine Stimme ruft in der Wüste:
›Macht den Weg bereit für den Herrn,
ebnet ihm die Straße.
5 Jede Schlucht soll aufgefüllt werden
und jeder Berg und jeder Hügel abgetragen.
Was krumm ist,
muss gerade werden
und die unebenen Wege eben.
6 Alle Welt soll sehen,
dass Gott die Rettung bringt.‹«

Johannes fordert dazu auf, das Leben zu ändern

→ Matthäus 3,7-10

7 Die Menschen kamen in Scharen zu Johannes heraus,
um sich von ihm taufen zu lassen.
Er sagte zu ihnen:
»Ihr Schlangenbrut!
Wer hat euch auf den Gedanken gebracht,
dass ihr dem bevorstehenden Gericht Gottes entgeht?
8 Zeigt durch euer Verhalten,
dass ihr euer Leben wirklich ändern wollt!
Redet euch nicht ein: ›Abraham ist unser Vater!‹
Denn ich sage euch:
Gott kann diese Steine hier
zu Kindern Abrahams machen.
9 Die Axt ist schon an die Baumwurzel gesetzt:
Jeder Baum, der keine gute Frucht bringt,
wird umgehauen und ins Feuer geworfen.«
10 Die Leute fragten Johannes:
»Was sollen wir denn tun?«
11 Er antwortete: »Wer zwei Hemden hat,
soll dem eins geben, der keines hat.
Wer etwas zu essen hat,
soll auf die gleiche Weise handeln.«

12 Es kamen aber auch Zolleinnehmer,
um sich taufen zu lassen.
Die fragten Johannes: »Lehrer, was sollen wir tun?«
13 Er antwortete: »Verlangt nicht mehr,
als in euren Vorschriften steht!«
14 Es fragten ihn aber auch Soldaten:
»Und wir, was sollen wir tun?«
Er antwortete: »Misshandelt und erpresst niemanden,
sondern gebt euch mit eurem Sold zufrieden!«

taufen: Wörtlich »(in Wasser) eintauchen«. Religiöse Handlung, die den Willen zum Ausdruck bringt, sein Leben ganz auf Gott auszurichten.

Schuld: Konkrete Verfehlungen, die von Gott trennen und das Gewissen belasten können.

so steht es im Buch des Propheten Jesaja: Zitat aus der griechischen Übersetzung von Jesaja 40,3-5.

Gericht, verurteilen: Als Herrscher über die ganze Welt ist Gott der Richter, der am Ende der Zeit ein Urteil über sie spricht.

Zolleinnehmer: Beamte, die im Namen des römischen Staats Zoll erhoben. Sie bekamen keinen Lohn vom Staat, sondern lebten von dem Geld, das sie auf die festgesetzten Steuern aufschlugen. Deshalb hatten sie ein schlechtes Ansehen.

Christus: Bedeutet übersetzt »der Gesalbte«. Im Alten Testament werden Könige, aber auch Propheten und Priester bei Amtsantritt gesalbt. Später wird der von Gott zum Herrscher der Welt bestimmte Retter so genannt. Im Neuen Testament ist das Jesus.

taufen: Wörtlich »(in Wasser) eintauchen«. Religiöse Handlung, die den Willen zum Ausdruck bringt, sein Leben ganz auf Gott auszurichten.

mit Feuer taufen: Bild für eine umfassende Reinigung: Jesus wird die Menschen von Grund auf verändern.

Worfschaufel, worfeln: Mit einer Worfschaufel wurde das gedroschene Getreide in die Luft geworfen, um Getreidekörner von Stroh und Spreu zu trennen.

Gute Nachricht: Wörtliche Übersetzung von »Evangelium«. Steht für Gottes Willen, die Menschen mit sich zu versöhnen und in Gemeinschaft mit sich leben zu lassen.

mein geliebter Sohn: Im Titel »Sohn Gottes« kommt das besondere Vertrauensverhältnis eines Menschen zu Gott zum Ausdruck. Im Neuen Testament wird der Titel nur für Jesus verwendet.

Johannes weist auf Christus hin

→ Matthäus 3,11-12; 14,3-4; Markus 1,7-8; 6,17-18; Johannes 1,24-28

15 Das Volk setzte große Erwartungen in Johannes.
Alle fragten sich: »Ist er vielleicht der Christus?«
16 Johannes erklärte ihnen: »Ich taufe euch mit Wasser.
Aber es kommt einer, der ist mächtiger als ich.
Ich bin es nicht einmal wert,
ihm die Riemen seiner Sandalen aufzuschnüren.
Er wird euch mit Heiligem Geist und mit Feuer taufen.
17 Er hat die Worfschaufel in seiner Hand.
Damit wird er sein Getreide gründlich aussieben.
Den Weizen wird er in seine Scheune bringen.
Aber das Stroh wird er in einem Feuer verbrennen,
das nicht ausgeht.«
18 Mit diesen und vielen anderen Worten
rüttelte Johannes das Volk auf.
So verkündete er die Gute Nachricht.

19 Johannes tadelte auch den Landesfürsten Herodes.
Denn Herodes hatte Herodias geheiratet,
die Frau seines Bruders,
und darüber hinaus viel Unrecht getan.
20 Zusätzlich zu all dem Unrecht ließ Herodes
auch noch Johannes ins Gefängnis werfen.

Jesus wird getauft

→ Matthäus 3,13-17; Markus 1,9-11; Johannes 1,32-34

21 Das ganze Volk ließ sich von Johannes taufen.
Auch Jesus wurde von ihm getauft.
Auf einmal, während Jesus noch betete,
öffnete sich der Himmel.
22 Der Heilige Geist kam auf ihn herab.
Er sah aus wie eine Taube.
Dazu erklang eine Stimme aus dem Himmel:
»Du bist mein geliebter Sohn,
an dir habe ich Freude.«

Der Stammbaum von Jesus

→ Matthäus 1,1-17

23 Jesus war etwa 30 Jahre alt, als er sein Werk begann.
Er galt als Sohn Josefs.
Josef war der Sohn von Eli,
24 Enkel von Mattat und Urenkel von Levi.
Die Linie lässt sich zurückverfolgen
über Melchi bis zu Jannai.

Jannai war der Sohn von Josef,
Enkel von 25 Mattitja und Urenkel von Amos.

Die Linie lässt sich zurückverfolgen
über Nahum, Hesli und Naggai bis zu 26 Mahat.

Mahat war der Sohn von Mattitja,
Enkel von Schimi und Urenkel von Josech.
Die Linie lässt sich zurückverfolgen
über Joda, 27 Johanan und Resa bis zu Serubbabel.

Serubbabel war Sohn von Schealtiel,
Enkel von Neri und Urenkel von Melchi.
Die Linie lässt sich zurückverfolgen
28 über Melchi, Addi, Kosam und Elmadam bis zu Er.

Er war der Sohn von 29 Joschua,
Enkel von Elieser und Urenkel von Jorim.
Die Linie lässt sich zurückverfolgen
über Mattat, Levi und 30 Simeon bis zu Juda.

Juda war der Sohn von Josef,
Enkel von Jonam und Urenkel von Eljakim.
Die Linie lässt sich zurückverfolgen
31 über Melea, Menna und Mattata zu Natan.

Natan war der Sohn von David,
Enkel von 32 Isai und Urenkel von Obed.
Die Linie lässt sich zurückverfolgen
über Boas, Salmon und Nachschon zu 33 Amminadab.

Amminadab war der Sohn von Admin,
Enkel von Arni und Urenkel von Hezron.
Die Linie lässt sich zurückverfolgen
über Perez, Juda und 34 Jakob bis zu Isaak.

Isaak war der Sohn von Abraham,
Enkel von Terach und Urenkel von Nahor.
Die Linie lässt sich zurückverfolgen
35 über Serug, Regu und Peleg bis zu Eber.

Eber war der Sohn von Schelach,
Enkel von 36 Kenan und Urenkel von Arpachschad.
Die Linie lässt sich zurückverfolgen
über Sem, Noah und Lamech bis 37 zu Metuschelach.

Metuschelach war der Sohn von Henoch,
Enkel von Jered und Urenkel von Mahalalel.
Die Linie lässt sich zurückverfolgen
über Kenan, 38 Enosch und Set bis zu Adam.
Adam stammte von Gott.

David: Bedeutender König in der Geschichte Israels, der etwa 1000–960 v. Chr. regierte. Er gilt als Dichter zahlreicher Lieder und Gebete.

Abraham: Stammvater des Volkes Israel, vgl. 1. Mose/Genesis 12–25.

Adam: Name des ersten Menschen. Das Wort kann im Hebräischen auch einen einzelnen Menschen oder die Menschheit bezeichnen.

Heiliger Geist: Kraft, durch die Gott in der Welt wirkt.

40 Tage: Die Zahl erinnert an die 40 Jahre, die Israel auf dem Weg in das von Gott verheißene Land durch die Wüste zog, und an die 40 Tage und Nächte, die Mose auf dem Berg Sinai war, als er die Zehn Gebote erhielt; vgl. 2. Mose/Exodus 34,28.

Satan, Teufel: Gegenspieler Gottes. Er versucht, die Menschen zu einem Verhalten zu bewegen, das Gottes Willen widerspricht.

Sohn Gottes: Titel, der das besondere Vertrauensverhältnis eines Menschen zu Gott zum Ausdruck bringt. Im Neuen Testament wird der Titel ausschließlich für Jesus verwendet.

in der Heiligen Schrift steht (Vers 4): Zitat aus 5. Mose/Deuteronomium 8,3.

in der Heiligen Schrift steht (Vers 8): Zitat aus 5. Mose/Deuteronomium 6,13.

in der Heiligen Schrift steht (Vers 10): In den Versen 10-11 wird aus Psalm 91,11-12 zitiert.

es heißt auch: Zitat aus der griechischen Übersetzung von 5. Mose/Deuteronomium 6,16.

Jesus wird auf die Probe gestellt

→Matthäus 4,1-11; Markus 1,12-13

4 1 Vom Heiligen Geist erfüllt,
ging Jesus vom Jordan weg.
Er wurde vom Geist in der Wüste umhergeführt,
2 40 Tage lang.
Dabei wurde er vom Teufel auf die Probe gestellt.
Die ganze Zeit über aß er nichts.
Am Ende war er sehr hungrig.
3 Da sagte der Teufel zu ihm:
»Du bist doch der Sohn Gottes!
Dann kannst du diesem Stein hier befehlen,
dass er zu Brot wird.«
4 Jesus antwortete:
»In der Heiligen Schrift steht:
›Der Mensch lebt nicht vom Brot allein.‹«

5 Da führte der Teufel
Jesus zu einer hochgelegenen Stelle.
In einem einzigen Augenblick
zeigte er ihm alle Königreiche der Welt.
6 Dabei sagte der Teufel zu Jesus:
»Ich will dir die Macht geben über alle diese Reiche
in ihrer ganzen Herrlichkeit.
Denn Gott hat sie mir übertragen,
und ich gebe sie, wem ich will.
7 Wenn du mich nun anbetest,
wird alles dir gehören.«
8 Jesus antwortete:
»In der Heiligen Schrift steht:
›Du sollst den Herrn, deinen Gott, anbeten
und ihn allein verehren.‹«

9 Da brachte der Teufel Jesus nach Jerusalem.
Er stellte ihn auf den höchsten Punkt des Tempels
und sagte zu ihm:
»Wenn du der Sohn Gottes bist,
spring von hier hinunter!
10 Denn in der Heiligen Schrift steht:
›Er wird seinen Engeln befehlen, dich zu beschützen.‹
11 Und: ›Auf ihren Händen sollen sie dich tragen,
damit dein Fuß nicht an einen Stein stößt.‹«
12 Jesus antwortete: »Es heißt aber auch:
›Du sollst den Herrn, deinen Gott,
nicht auf die Probe stellen!‹«
13 Damit hatte der Teufel alles versucht,
um Jesus auf die Probe zu stellen.
Er verließ ihn eine Zeit lang.

Das Wirken von Jesus in Wort und Tat

4,14–9,50

Das erste Auftreten von Jesus 4,14-44

Jesus beginnt zu predigen

→Matthäus 4,12-17; Markus 1,14-15

14 Jesus war erfüllt von der Kraft des Geistes.
So kehrte er nach Galiläa zurück.
Sein Ruf verbreitete sich in der ganzen Gegend.
15 Er lehrte in den Synagogen
und alle redeten mit Hochachtung von ihm.

Jesus wird in Nazaret abgelehnt

→Matthäus 13,54-58; Markus 6,1-6

16 Jesus kam auch nach Nazaret, wo er aufgewachsen war.
Am Sabbat ging er wie gewohnt in die Synagoge.
Er stand auf, um aus der Heiligen Schrift vorzulesen.
17 Man reichte ihm die Schriftrolle
mit dem Propheten Jesaja.
Jesus rollte sie auf
und fand die Stelle, wo geschrieben steht:
18 »Der Geist des Herrn ruht auf mir,
denn der Herr hat mich gesalbt.
Er hat mich gesandt,
den Armen gute Nachricht zu verkünden.
Den Gefangenen soll ich zurufen,
dass sie frei sind,
und den Blinden, dass sie sehen werden.
Den Unterdrückten soll ich die Freiheit bringen.
19 Ich soll verkünden: Jetzt beginnt das Jahr,
in dem der Herr Gnade schenkt.«

20 Jesus rollte die Schriftrolle wieder zusammen,
gab sie dem Synagogendiener zurück und setzte sich.
Alle Augen in der Synagoge
waren gespannt auf ihn gerichtet.
21 Da sagte er zu den Anwesenden:
»Heute ist diese Stelle in der Heiligen Schrift
in eurer Gegenwart in Erfüllung gegangen.«
22 Alle stimmten ihm zu.
Sie staunten über die Botschaft von der Gnade,
die er verkündete.
Doch dann sagten sie: »Ist das nicht der Sohn Josefs?«
23 Jesus antwortete:
»Sicher werdet ihr mir jetzt das Sprichwort vorhalten:
›Arzt, hilf dir selbst!

Synagoge: Versammlungsstätte einer jüdischen Gemeinde.

Sabbat: In der Bibel der siebte Tag der Woche, heute unser Samstag. Er gilt im Judentum als Feiertag, an dem nicht gearbeitet werden darf.

Stelle, wo geschrieben steht: Das Zitat ist zusammengesetzt aus der griechischen Übersetzung von Jesaja 58,6 und Jesaja 61,1-2.

Salbung, salben: Handlung, die eine besondere Wertschätzung zum Ausdruck bringt. Ein wohlriechendes Öl wird dabei über bestimmte Körperteile ausgegossen.

Gnade: Liebevolle Zuwendung Gottes, die er den Menschen ohne Vorbedingung schenkt.

Zeichen, Wunder: Ausweis der göttlichen Vollmacht, mit der eine Person handelt.

Amen: Das hebräische Wort bedeutet »So ist es! / So soll es sein!«

zur Zeit des Elija: Prophet im Alten Testament. 1. Könige 17,8-16 erzählt, wie Elija einer Witwe, die nicht zum Volk Israel gehört, während einer Dürrekatastrophe hilft.

zur Zeit des Elischa: Prophet im Alten Testament. 2. Könige 5,1-14 erzählt, wie Elischa einen Kranken heilt, der nicht zum Volk Israel gehört.

Sabbat: In der Bibel der siebte Tag der Woche, heute unser Samstag. Er gilt im Judentum als Feiertag, an dem nicht gearbeitet werden darf.

Synagoge: Versammlungsstätte einer jüdischen Gemeinde.

Dämon: Eine böse Macht, die man sich in der Antike als Person vorstellte. Sie kämpft gegen Gott und nimmt einen Menschen ganz in Besitz.

der Heilige Gottes: Durch diese Anrede zeigt der Dämon, dass er Gottes Wirken in und durch Jesus Christus erkennt.

Wir haben von den großen Taten gehört,
die du in Kapernaum vollbracht hast.
Vollbringe doch solche Wunder
auch hier in deiner Heimatstadt!‹«
24 Weiter sagte er: »Amen, das sage ich euch:
Kein Prophet wird in seiner Heimatstadt anerkannt!
25 Ich sage euch, wie es wirklich ist:
Zur Zeit des Elija gab es viele Witwen in Israel.
Damals regnete es drei Jahre und sechs Monate nicht.
Große Hungersnot herrschte im ganzen Land.
26 Trotzdem wurde Elija zu keiner von ihnen geschickt –
sondern nur zu einer Witwe in Sarepta
im Gebiet von Sidon.
27 Ebenso gab es zur Zeit des Propheten Elischa
viele Aussätzige in Israel.
Aber Elischa hat keinen von ihnen geheilt,
sondern nur den Syrer Naaman.«

28 Alle in der Synagoge wurden wütend,
als sie das hörten.
29 Sie sprangen auf
und trieben Jesus aus Nazaret hinaus –
bis an den Abhang des Berges,
auf dem ihre Stadt gebaut war.
Dort wollten sie ihn hinunterstürzen.
30 Aber Jesus ging mitten durch die Menge hindurch
und zog weiter.

Jesus zeigt seine Vollmacht in Kapernaum

→ Markus 1,21-28

31 Jesus ging nach Kapernaum, einer Stadt in Galiläa.
Am Sabbat lehrte er immer in der Synagoge.
32 Die Zuhörer waren von seiner Lehre tief beeindruckt,
denn in seinen Worten erkannten sie Gottes Macht.
33 In der Synagoge war ein Mann,
der von einem bösen Geist beherrscht wurde –
einem Dämon.
Der schrie laut auf:
34 »He! Was willst du von uns, Jesus aus Nazaret?
Bist du gekommen, um uns zu vernichten?
Ich weiß, wer du bist: Du bist der Heilige Gottes.«
35 Jesus befahl dem Dämon streng:
»Sei still und gib den Mann frei!«
Da schleuderte der Dämon den Mann
mitten in die Synagoge.
Dann gab er ihn frei, ohne ihm Schaden zuzufügen.
36 Alle erschraken und fragten sich gegenseitig:
»Welche Vollmacht und Kraft hat sein Wort?

Er gibt den bösen Geistern einen Befehl,
und sie fliehen!«
37 Die Berichte über Jesus verbreiteten sich
überall in der Gegend.

Jesus heilt die Schwiegermutter des Petrus und viele andere Menschen

→ Matthäus 8,14-17; Markus 1,29-34

38 Jesus verließ die Synagoge
und ging in das Haus von Simon.
Dessen Schwiegermutter hatte hohes Fieber.
Sie baten Jesus, ihr zu helfen.
39 Jesus beugte sich über sie und bedrohte das Fieber.
Da verschwand es.
Sofort stand sie auf
und sorgte für Jesus und die Jünger.

40 Als die Sonne untergegangen war,
brachten die Leute alle Kranken zu Jesus.
Sie litten an unterschiedlichsten Krankheiten.
Jesus legte jedem von ihnen die Hände auf und heilte sie.
41 Aus vielen Kranken fuhren Dämonen aus.
Dabei schrien sie laut und riefen:
»Du bist der Sohn Gottes!«
Jesus bedrohte sie und ließ sie nicht zu Wort kommen.
Denn sie wussten, dass er der Christus war.

Jesus verkündet die Gute Nachricht im ganzen Land

→ Markus 1,35-39

42 Bei Tagesanbruch verließ Jesus Kapernaum
und ging an einen einsamen Ort.
Die Leute suchten ihn, bis sie ihn fanden.
Sie wollten ihn daran hindern, von ihnen wegzugehen.
43 Da sagte Jesus zu ihnen:
»Ich muss auch den anderen Städten
die Gute Nachricht vom Reich Gottes verkünden.
Denn dazu hat Gott mich gesandt.«
44 Und er verkündete die Gute Nachricht
in den Synagogen überall in Judäa.

Jesus lehrt und handelt in Vollmacht 5,1–6,16

Die ersten Jünger

→ Matthäus 4,18-22; Markus 1,16-20; Johannes 21,1-11

5 1 Einmal drängte sich die Volksmenge um Jesus
und wollte hören, wie er Gottes Wort verkündete.
Jesus stand am See Gennesaret.

Simon: Anderer Name für Petrus, der ein Jünger von Jesus wird.

Christus: Bedeutet übersetzt »der Gesalbte«. Im Alten Testament werden Könige, aber auch Propheten und Priester bei Amtsantritt gesalbt. Später wird der von Gott zum Herrscher der Welt bestimmte Retter so genannt. Im Neuen Testament ist das Jesus.

Reich Gottes: Wörtlich »Königsherrschaft Gottes«. Bezeichnet den Herrschaftsbereich, in dem sich Gottes Wille durchsetzt.

See Gennesaret: See im Norden Israels, zwischen den Golanhöhen und Galiläa gelegen.

Simon: Anderer Name für Petrus, der ein Jünger von Jesus wird.

Meister: Anrede für Jesus, die nur im Lukasevangelium vorkommt. Sie entspricht der aramäischen Anrede »Rabbi«.

Herr: Titel für Jesus Christus. Im griechischen Alten Testament steht das Wort »Herr« an den Stellen, an denen im hebräischen Text der Gottesname steht. Wenn Jesus Christus so genannt wird, kommt darin zum Ausdruck: In ihm begegnet Gott selbst den Menschen.

Aussatz: Bezeichnet verschiedene Arten von Hautkrankheiten. Als Ursache galten nicht nur medizinische Gründe, sondern auch eine gestörte Beziehung zu Gott.

rein: Bezeichnet Menschen, Tiere und Dinge, die dafür vorbereitet sind, in der Nähe Gottes zu sein. In der Bibel sind dabei bestimmte religiöse Vorschriften zu beachten.

2 Da sah er zwei Boote am Ufer liegen.
Die Fischer waren ausgestiegen und reinigten die Netze.
3 Jesus stieg in das Boot, das Simon gehörte.
Er bat Simon, ein Stück vom Ufer wegzufahren.
Dann setzte er sich
und lehrte die Leute vom Boot aus.

4 Als Jesus seine Rede beendet hatte,
sagte er zu Simon: »Fahre hinaus in tieferes Wasser!
Dort sollt ihr eure Netze zum Fang auswerfen.«
5 Simon antwortete:
»Meister, wir haben die ganze Nacht hart gearbeitet
und nichts gefangen.
Aber weil du es sagst, will ich die Netze auswerfen.«
6 Simon und seine Leute warfen die Netze aus.
Sie fingen so viele Fische,
dass ihre Netze zu reißen drohten.
7 Sie winkten die Fischer im anderen Boot herbei.
Sie sollten kommen und ihnen helfen.
Zusammen beluden sie beide Boote,
bis sie fast untergingen.

8 Als Simon Petrus das sah,
fiel er vor Jesus auf die Knie und sagte:
»Herr, geh fort von mir!
Ich bin ein Mensch, der voller Schuld ist!«
9 Denn er und die anderen, die dabei waren,
waren sehr erschrocken.
So riesig war der Fang, den sie gemacht hatten.
10 Jakobus und Johannes, den Söhnen des Zebedäus,
erging es ebenso.
Die beiden arbeiteten eng mit Simon zusammen.
Jesus sagte zu Simon: »Hab keine Angst!
Von jetzt an wirst du ein Menschenfischer sein!«
11 Da zogen sie die Boote an Land,
ließen alles zurück und folgten ihm.

Jesus heilt einen Mann vom Aussatz

→ Matthäus 8,1-4; Markus 1,40-45

12 Einmal war Jesus in einer Stadt.
Dort traf er einen Mann,
der am ganzen Körper Aussatz hatte.
Als der Jesus sah,
warf er sich vor ihm nieder und bat ihn:
»Herr, wenn du willst, kannst du mich rein machen.«
13 Da streckte Jesus die Hand aus,
berührte ihn und sagte: »Ich will. Sei rein!«

Im selben Augenblick
verschwand der Aussatz bei dem Mann.
14 Jesus befahl ihm: »Erzähle niemandem davon.
Geh, zeige dich dem Priester und bring die Opfer,
um deine Reinheit wiederherzustellen.
So hat Mose es vorgeschrieben.
Dadurch sollen alle erfahren,
dass du geheilt worden bist.«

15 Darauf verbreitete sich
die Nachricht von Jesus noch weiter.
Die Leute strömten in Scharen herbei, um ihn zu hören
und von ihren Krankheiten geheilt zu werden.
16 Aber Jesus zog sich immer wieder
in einsame Gegenden zurück und betete dort.

Jesus vergibt Sünden und heilt

→ Matthäus 9,1-8; Markus 2,1-12

17 Einmal in diesen Tagen, als Jesus lehrte,
saßen unter den Zuhörern
auch Pharisäer und Schriftgelehrte.
Aus allen Dörfern in Galiläa und Judäa
und auch aus Jerusalem waren sie gekommen.
Die Kraft des Herrn war mit Jesus,
sodass er Kranke heilte.
18 Da brachten Männer einen Gelähmten
auf einer Trage herbei.
Sie wollten ihn in das Haus bringen
und vor Jesus niederlegen.
19 Aber wegen der Volksmenge
fanden sie keine Möglichkeit, ihn hineinzutragen.
Deshalb stiegen sie auf das Dach
und deckten einige Ziegel ab.
Dann ließen sie den Gelähmten auf der Trage hinunter –
mitten in den Raum, genau vor Jesus.
20 Jesus sah, wie groß ihr Glaube war, und sagte:
»Du Mensch, deine Sünden sind dir vergeben.«

21 Da überlegten die Schriftgelehrten und Pharisäer:
»Wer ist das eigentlich?
Was er da sagt, ist Gotteslästerung!
Nur Gott allein kann Sünden vergeben.«
22 Doch Jesus wusste, was sie dachten.
Er sagte zu ihnen: »Warum habt ihr solche Gedanken?
23 Was ist einfacher?
Zu sagen: ›Deine Sünden sind dir vergeben‹,
oder ›Steh auf und geh umher‹?

Pharisäer: Angehöriger einer jüdischen Glaubensgruppe, die die biblischen Vorschriften und Gesetze sehr streng auslegte.

Schriftgelehrte: Menschen, deren Aufgabe das Studium und die Auslegung der Heiligen Schrift ist.

Haus: Häuser waren zur Zeit des Neuen Testaments meist einstöckig. Sie hatten ein flaches Dach, das über eine Außentreppe zugänglich war.

Glaube, glauben: Meint das tiefe Vertrauen auf Gott, das zu einem Leben nach seinem Willen führt.

Sünden: Konkrete Verfehlungen, die von Gott trennen und das Gewissen belasten können.

Menschensohn: Bezeichnung, die zum Ausdruck bringt, dass Menschen Geschöpfe Gottes sind. Im Neuen Testament ein Titel für Jesus, der von Gott zum Herrscher und Retter der Welt bestimmt wurde.

Zolleinnehmer: Beamte, die im Namen des römischen Staats Zoll erhoben. Sie bekamen keinen Lohn vom Staat, sondern lebten von dem Geld, das sie auf die festgesetzten Steuern aufschlugen. Deshalb hatten sie ein schlechtes Ansehen.

folgen: Jesus zu folgen bedeutet, das Leben ganz in seinen Dienst zu stellen.

Sünder: Menschen, die sich von Gott abgewendet haben und seinen Willen missachten.

Pharisäer: Angehöriger einer jüdischen Glaubensgruppe, die die biblischen Vorschriften und Gesetze sehr streng auslegte.

Schriftgelehrte: Menschen, deren Aufgabe das Studium und die Auslegung der Heiligen Schrift ist.

Bräutigam: Bild für Jesus. Die Jünger sollen sich freuen, dass der Sohn Gottes bei ihnen ist.

24 Aber ihr sollt sehen, dass der Menschensohn
von Gott Vollmacht bekommen hat.
So kann er hier auf der Erde
den Menschen ihre Sünden vergeben.«
Deshalb sagte er zu dem Gelähmten:
»Ich sage dir: Steh auf,
nimm deine Trage und geh nach Hause.«
25 Sofort stand er auf – vor ihren Augen.
Er nahm seine Trage, auf der er gelegen hatte,
und ging nach Hause. Dabei lobte er Gott.
26 Alle Anwesenden gerieten außer sich.
Auch sie lobten Gott.
Furcht erfüllte sie, und sie sagten:
»Was für unglaubliche Dinge haben wir heute gesehen!«

Jesus beruft Levi und isst mit Zolleinnehmern

→ Matthäus 9,9-13; Markus 2,13-17

27 Danach verließ Jesus das Haus.
Da sah er einen Zolleinnehmer mit Namen Levi.
Der saß an seiner Zollstation.
Jesus sagte zu ihm: »Komm, folge mir!«
28 Da ließ Levi alles zurück, stand auf und folgte ihm.
29 Später gab Levi in seinem Haus
ein großes Festessen für Jesus.
Viele Zolleinnehmer und andere Gäste aßen mit ihnen.
30 Da beschwerten sich die Pharisäer
und die Schriftgelehrten unter ihnen
bei den Jüngern von Jesus:
»Warum esst und trinkt ihr
mit Zolleinnehmern und Sündern?«
31 Jesus antwortete:
»Nicht die Gesunden brauchen einen Arzt,
sondern die Kranken.
32 Ich bin nicht gekommen,
um die Gerechten aufzurufen, ihr Leben zu ändern,
sondern die Sünder.«

Es ist nicht die Zeit zu fasten

→ Matthäus 9,14-17; Markus 2,18-22

33 Darauf sagten die Pharisäer
und Schriftgelehrten zu Jesus:
»Die Jünger von Johannes fasten regelmäßig
und sprechen ihre Gebete.
Genauso machen es unsere Jünger.
Aber deine Jünger essen und trinken.«
34 Jesus antwortete ihnen:
»Wollt ihr etwa die Hochzeitsgäste fasten lassen,
solange der Bräutigam bei ihnen ist?

35 Es wird aber eine Zeit kommen,
da wird ihnen der Bräutigam weggenommen.
In dieser Zeit werden sie fasten.«

36 Jesus erzählte ihnen noch ein Gleichnis:
»Niemand schneidet Stoff von einem neuen Mantel ab
und näht ihn auf einen alten.
Sonst zerschneidet er den neuen Mantel,
aber der Flicken passt nicht zu dem alten.
37 Und niemand füllt neuen Wein in alte Weinschläuche.
Sonst bringt der neue Wein
die alten Schläuche zum Platzen.
Der Wein läuft aus,
und die Schläuche werden unbrauchbar.
38 Nein: Neuer Wein gehört in neue Schläuche.
39 Und niemand, der alten Wein getrunken hat,
will neuen Wein haben.
Denn er sagt: ›Der alte ist besser.‹«

Hunger stillen auch am Sabbat

→ Matthäus 12,1-8; Markus 2,23-28

6 1 Einmal ging Jesus am Sabbat durch die Felder.
Seine Jünger rissen Ähren von den Halmen,
rieben die Hülsen ab und aßen die Körner.
2 Da sagten einige der Pharisäer:
»Was tut ihr da? Das ist am Sabbat verboten!«
3 Jesus antwortete:
»Habt ihr denn nicht gelesen, was David getan hat?
Er und seine Männer hatten Hunger.
4 Da ging er in das Haus Gottes,
nahm die Schaubrote und aß sie.
Er gab auch seinen Männern von den Broten.
Dabei durften nur die Priester davon essen.«
5 Jesus sagte zu den Pharisäern:
»Der Menschensohn kann bestimmen,
was am Sabbat erlaubt ist.«

Jesus heilt einen Mann am Sabbat

→ Matthäus 12,9-14; Markus 3,1-6

6 An einem anderen Sabbat ging Jesus
in die Synagoge und lehrte.
Dort war ein Mann, dessen rechte Hand gelähmt war.
7 Die Schriftgelehrten und Pharisäer beobachteten genau,
ob Jesus am Sabbat heilen würde.
Sie suchten einen Grund, um ihn anzuklagen.
8 Doch Jesus wusste, was sie dachten.
Er sagte zu dem Mann mit der gelähmten Hand:
»Steh auf und stell dich in die Mitte!«

Gleichnis: Erzählung, die ihre Botschaft in Bildern und Vergleichen vermittelt.

Weinschlauch: Aus Tierhäuten zusammengenähter Schlauch, der in der Antike zum Transport von Flüssigkeiten wie Wein diente.

Jünger: Wörtlich »Schüler«. Frauen und Männer, die ihrem Lehrer folgten und von ihm lernten.

Ähre: Oberer Teil des Getreidehalms, an dem die Körner sitzen.

am Sabbat verboten: Die Pharisäer werten das Abreißen der Ähren als Arbeit, die am Sabbat verboten ist; vgl. 2. Mose/Exodus 20,8-11.

David: 1. Samuel 21,2-7 erzählt, dass König David auf der Flucht in einem Tempel Brot isst, das für die Priester bestimmt war.

Jünger: Wörtlich »Schüler«. Frauen und Männer, die ihrem Lehrer folgten und von ihm lernten.

Apostel: Wörtlich »Ausgesandte«. Menschen, die dazu berufen sind, die Gute Nachricht von Jesus Christus zu verkünden. Im engeren Sinn die zwölf Jünger von Jesus, die ihn während seines Lebens begleiteten.

Zeloten: Angehörige einer jüdischen Glaubensgruppe, die die biblischen Vorschriften sehr streng auslegten und sich auch mit Gewalt für ihre Durchsetzung einsetzten.

Verräter: Lukas 22,3-6 erzählt, wie Judas mit den führenden Priestern verabredet, Jesus an sie auszuliefern.

Tyros, Sidon: Bedeutende Hafenstädte, im heutigen Libanon gelegen. Zur Zeit von Jesus hatten sie einen großen nicht-jüdischen Bevölkerungsanteil.

böser Geist: Eine böse Macht, die man sich als Person vorstellte. Sie kämpft gegen Gott und nimmt einen Menschen völlig in Besitz.

Da stand er auf und stellte sich hin.
9 Jesus sagte zu den Schriftgelehrten und Pharisäern:
»Ich frage euch: Was ist am Sabbat erlaubt –
Gutes tun oder Böses?
Soll man einem Menschen das Leben retten
oder ihn umkommen lassen?«
10 Jesus blickte sie alle an.
Dann sagte er zu dem Mann: »Streck deine Hand aus!«
Er tat es, und seine Hand wurde geheilt.
11 Aber die Schriftgelehrten und Pharisäer
berieten in ihrem Unverstand,
was sie gegen Jesus unternehmen konnten.

Jesus beruft zwölf Jünger zu Aposteln

→ Matthäus 10,1-4; Markus 3,13-19

12 Einmal in diesen Tagen stieg Jesus auf einen Berg,
um zu beten.
Die ganze Nacht betete er zu Gott.
13 Als es Tag wurde, rief er seine Jünger zu sich.
Er wählte zwölf von ihnen aus,
die er auch Apostel nannte.
14 Es waren:
Simon, den er auch Petrus nannte,
und sein Bruder Andreas,
dazu Jakobus, Johannes, Philippus, Bartholomäus,
15 Matthäus, Thomas,
Jakobus, der Sohn von Alphäus,
Simon, der Zelot genannt wurde,
16 Judas, der Sohn von Jakobus,
und Judas Iskariot, der zum Verräter wurde.

Jesus predigt auf einem Feld 6,17-49

Viele Menschen kommen zu Jesus

→ Markus 3,7-12

17 Jesus stieg mit den Aposteln vom Berg hinab
bis zu einem ebenen Platz.
Dort hatten sich viele Menschen versammelt:
eine große Schar seiner Jünger,
Leute aus ganz Judäa, aus Jerusalem
und aus dem Küstengebiet von Tyros und Sidon.
18 Sie waren gekommen, um Jesus zu hören
und von ihren Krankheiten geheilt zu werden.
Menschen, die unter bösen Geistern litten,
wurden von ihnen befreit.
19 Die ganze Volksmenge wollte Jesus berühren.
Denn heilende Kraft ging von ihm aus
und machte alle gesund.

Wer glückselig ist (Die Seligpreisungen)

→ Matthäus 5,3-12

20 Jesus blickte auf seine Jünger und sagte:
»Glückselig seid ihr, die ihr arm seid.
Denn euch gehört das Reich Gottes.
21 Glückselig seid ihr, die ihr jetzt hungert.
Denn ihr werdet satt werden.
Glückselig seid ihr, die ihr jetzt weint.
Denn ihr werdet lachen.
22 Glückselig seid ihr, wenn die Menschen euch hassen,
aus ihrer Gemeinschaft ausschließen, beschimpfen
oder euren Namen in den Schmutz ziehen.
Sie tun das, weil ihr zum Menschensohn gehört.
23 Ja, freut euch, wenn das geschieht.
Springt vor Freude! Denn euer Lohn im Himmel ist groß.
Genauso haben es die Vorfahren dieser Leute
auch schon mit den Propheten gemacht.«

Wem Unheil droht

24 »Wehe euch, ihr Reichen!
Denn ihr habt euren Trost bereits erhalten.
25 Wehe euch, die ihr jetzt satt seid,
denn ihr werdet hungern.
Wehe euch, die ihr jetzt lacht,
denn ihr werdet weinen und klagen.
26 Wehe euch, wenn ihr von allen Menschen gelobt werdet.
Denn genauso haben es die Vorfahren dieser Leute
mit den falschen Propheten gemacht.«

Das Gebot, den Mitmenschen zu lieben

→ Matthäus 5,38-47; 7,12

27 »Aber euch, die ihr mir zuhört, sage ich:
Liebt eure Feinde. Tut denen Gutes, die euch hassen.
28 Segnet die, die euch verfluchen.
Betet für die, die euch beschimpfen
29 Schlägt dich einer auf die Backe,
halte ihm auch die andere Backe hin.
Und nimmt dir einer den Mantel weg,
überlasse ihm auch das Hemd.
30 Gib jedem das, worum er dich bittet.
Und wenn dir jemand etwas wegnimmt,
das dir gehört, dann fordere es nicht zurück.

31 Behandelt andere Menschen genauso,
wie ihr selbst behandelt werden wollt.
32 Wenn ihr nur die liebt, die euch auch lieben:
Welchen besonderen Dank erwartet ihr von Gott?
Sogar die Sünder lieben ja die,
von denen sie geliebt werden.

Reich Gottes: Wörtlich »Königsherrschaft Gottes«. Bezeichnet den Herrschaftsbereich, in dem sich Gottes Wille durchsetzt.

Menschensohn: Bezeichnung, die zum Ausdruck bringt, dass Menschen Geschöpfe Gottes sind. Im Neuen Testament ein Titel für Jesus, der von Gott zum Herrscher und Retter der Welt bestimmt wurde.

Trost: Hier Bild für Reichtum in dieser Welt. Beispielhaft wird in Lukas 16,19-31 die Geschichte vom reichen Mann und dem armen Lazarus erzählt.

falscher Prophet: Gibt vor, im Auftrag Gottes zu reden, und verführt seine Mitmenschen so zu falschem Tun.

Segen, segnen: Wer einen anderen Menschen segnet, bittet Gott, dem Gesegneten Kraft, Leben und Wohlergehen zu schenken.

Sünder: Menschen, die sich von Gott abgewendet haben und seinen Willen missachten.

der Höchste: Titel für Gott, der eng mit dem Tempel in Jerusalem verbunden ist.

Vater: Vertrauensvolle Anrede oder Bezeichnung für Gott.

Gericht, verurteilen: Als Herrscher über die ganze Welt ist Gott der Richter, der am Ende der Zeit ein Urteil über sie spricht.

gutes Maß: Bild aus der damaligen Handelspraxis: Händler füllen Getreide in einen Messbecher, drücken es fest und schütteln den Becher. Der Platz, der entsteht, wird mit Getreide aufgefüllt. Erst dann ist der Messbecher wirklich voll.

Gleichnis: Erzählung, die ihre Botschaft in Bildern und Vergleichen vermittelt.

Jünger: Wörtlich »Schüler«. Frauen und Männer, die ihrem Lehrer folgten und von ihm lernten.

Bruder, Schwester: Wörtlich »Bruder«. Das griechische Wort bezeichnet männliche *und* weibliche Mitglieder der Gemeinde.

33 Wenn ihr nur denen Gutes tut, die euch Gutes tun:
Welchen besonderen Dank erwartet ihr von Gott?
Sogar die Sünder handeln so.
34 Wenn ihr nur denen etwas leiht,
von denen ihr es wieder zurückerwarten könnt:
Welchen besonderen Dank erwartet ihr von Gott?
Sogar die Sünder leihen sich gegenseitig Geld,
um den gleichen Betrag zurückzubekommen.
35 Nein! Liebt eure Feinde.
Tut Gutes und verleiht,
ohne etwas dafür zu erhoffen.
Dann werdet ihr großen Lohn erhalten
und Kinder des Höchsten sein.
Denn Gott selbst ist gut
zu den undankbaren und schlechten Menschen.«

Andere nicht verurteilen

→Matthäus 7,1-2

36 »Seid barmherzig, so wie euer Vater barmherzig ist.
37 Ihr sollt andere nicht verurteilen,
dann wird auch Gott euch nicht verurteilen.
Sitzt über niemanden zu Gericht,
dann wird Gott auch über euch nicht zu Gericht sitzen.
Vergebt anderen, dann wird Gott auch euch vergeben.
38 Schenkt, dann wird Gott auch euch beschenken:
Ein gutes Maß wird euch in den Schoß geschüttet –
festgedrückt, geschüttelt und voll bis an den Rand.
Denn der Maßstab, den ihr an andere anlegt,
wird auch für euch gelten.«

Nicht überheblich sein

→Matthäus 7,3-5; 10,24-25; 15,14

39 Jesus erzählte ihnen auch ein Gleichnis:
»Kann etwa ein Blinder einen Blinden führen?
Werden sie nicht beide in die Grube fallen?
40 Kein Jünger steht über seinem Lehrer.
Auch wenn er fertig ausgebildet ist,
ist er nur wie sein Lehrer.

41 Du siehst den Splitter
im Auge deines Bruders oder deiner Schwester.
Bemerkst du nicht den Balken in deinem eigenen Auge?
42 Wie kannst du zu deinem Bruder
oder zu deiner Schwester sagen: ›Komm her!
Ich zieh dir den Splitter aus deinem Auge.‹
Siehst du nicht den Balken in deinem eigenen Auge?
Du Scheinheiliger!
Zieh zuerst den Balken aus deinem Auge!

Dann hast du den Blick frei,
um den Splitter aus dem Auge
deines Bruders oder deiner Schwester zu ziehen.«

Der Baum und die Früchte

→ Matthäus 7,16-20; 12,33-35

43 »Ein guter Baum trägt keine schlechten Früchte.
Genauso trägt ein schlechter Baum keine guten Früchte.
44 Jeden Baum kann man an seinen Früchten erkennen:
Von einem Dornbusch kann man keine Feigen pflücken
und von Gestrüpp keine Trauben ernten.
45 Ein guter Mensch holt aus der guten Schatzkammer
in seinem Herzen nur Gutes hervor.
Ein schlechter Mensch holt aus
seiner schlechten Schatzkammer nur Schlechtes hervor.
Denn wovon das Herz voll ist,
davon redet auch sein Mund.«

Das Gleichnis vom Hausbau

→ Matthäus 7,21-27

46 »Warum nennt ihr mich ›Herr, Herr‹,
und tut doch nicht, was ich sage?
47 Wer zu mir kommt
und meine Worte hört und sie befolgt –
ich will euch zeigen, wem er gleicht:
48 Er ist wie ein Mensch, der ein Haus baute.
Er hob eine tiefe Grube aus
und legte das Fundament auf felsigem Boden.
Als es nun Hochwasser gab,
prallten die Wassermassen gegen das Haus.
Doch sie konnten es nicht erschüttern –
so gut war es gebaut.
49 Aber wer meine Worte hört und sie nicht befolgt:
der ist wie ein Mensch, der sein Haus ohne Fundament
direkt auf die Erde baute.
Als die Wassermassen dagegenprallten,
stürzte es sofort ein und wurde völlig zerstört.«

Wer ist Jesus? 7,1-50

Der Hauptmann von Kapernaum

→ Matthäus 8,5-13; Johannes 4,46-53

7 1 Nachdem Jesus seine Rede vor dem Volk beendet hatte,
ging er nach Kapernaum.
2 Ein römischer Hauptmann hatte einen Diener,
den er sehr schätzte.
Der war schwer krank und lag im Sterben.

Herr, Herr: Anrede, die zum Ausdruck bringt, dass jemand Jesus mit Ernst und Hingabe als seinen Herrn anerkennt.

Worte: Meint die gesamte Predigt auf dem Feld in Lukas 6,17-49.

Kapernaum: Stadt am Nordufer des See Gennesaret.

Älteste: Bezeichnung für ein leitendes Amt in der Gemeinschaft, das von älteren Männern ausgeübt wurde.

er liebt unser Volk: Ausdruck, der den Hauptmann als Nicht-Juden kennzeichnet, der dem jüdischen Glauben jedoch nahesteht.

Synagoge: Versammlungsstätte einer jüdischen Gemeinde.

wert: Einige Juden vermieden den Kontakt mit Nicht-Juden. Deshalb wollte der Hauptmann es Jesus nicht zumuten, zu ihm nach Hause zu kommen.

Israel: Nachkommen der zwölf Söhne Jakobs. Gott hat mit Israel einen Bund geschlossen.

Glaube, glauben: Meint das tiefe Vertrauen auf Gott, das zu einem Leben nach seinem Willen führt.

Jünger: Wörtlich »Schüler«. Frauen und Männer, die ihrem Lehrer folgten und von ihm lernten.

3 Der Hauptmann hörte von Jesus
und schickte einige jüdische Älteste zu ihm.
Sie sollten ihn bitten, zu kommen
und seinen Diener zu retten.
4 So gingen die Ältesten zu Jesus
und baten ihn nachdrücklich:
»Der Hauptmann ist es wert, dass du ihm hilfst.
5 Denn er liebt unser Volk.
Er hat uns sogar die Synagoge gebaut.«
6 Da ging Jesus mit ihnen.

Aber als er nicht mehr weit vom Haus entfernt war,
schickte der Hauptmann Freunde zu ihm.
Er ließ ihm ausrichten:
»Herr, bemühe dich nicht.
Denn ich bin es nicht wert, dass du mein Haus betrittst.
7 Deshalb hielt ich mich auch nicht für würdig,
selbst zu dir zu kommen.
Aber sprich ein Wort, und mein Diener wird gesund.
8 Denn auch bei mir ist es so,
dass ich höheren Befehlen gehorchen muss.
Und ich selbst habe Soldaten, die mir unterstehen.
Wenn ich zu einem sage: ›Geh!‹,
dann geht er.
Und wenn ich zu einem anderen sage: ›Komm!‹,
dann kommt er.
Und wenn ich zu meinem Diener sage: ›Tu das!‹,
dann tut er es.«
9 Als Jesus das hörte, staunte er über ihn.
Er drehte sich um und sagte zu der Volksmenge,
die ihm folgte:
»Das sage ich euch: Nicht einmal in Israel
habe ich so einen Glauben gefunden!«
10 Die Boten des Hauptmanns kehrten in das Haus zurück.
Da sahen sie, dass der Diener gesund war.

Jesus macht einen Toten lebendig

11 Danach zog Jesus weiter zu der Stadt Nain.
Seine Jünger und eine große Volksmenge zogen mit ihm.
12 Als Jesus sich dem Stadttor näherte,
wurde gerade ein Toter herausgetragen.
Er war der einzige Sohn einer Witwe.
Viele Leute aus der Stadt begleiteten sie.
13 Als der Herr die Witwe sah,
bekam er Mitleid mit ihr und sagte:
»Hör auf zu weinen!«
14 Dann trat er näher heran und berührte die Bahre.

Die Träger blieben stehen.
Jesus sagte: »Junger Mann, ich befehle dir: Steh auf!«
15 Da richtete der Tote sich auf und fing an zu reden.
Und Jesus gab ihn seiner Mutter zurück.
16 Alle wurden von Furcht erfasst.
Sie lobten Gott und riefen:
»Ein großer Prophet tritt unter uns auf!
Gott ist seinem Volk zu Hilfe gekommen.«
17 Die Nachricht darüber, was Jesus getan hatte,
verbreitete sich überall in Judäa
und in der ganzen Umgebung.

Johannes fragt – Jesus gibt Antwort

→ Matthäus 11,2-6

18 Auch Johannes erfuhr durch seine Jünger
von all diesen Ereignissen.
Da rief er zwei von ihnen zu sich
19 und schickte sie zum Herrn.
Sie sollten ihn fragen:
»Bist du der, der kommen soll,
oder müssen wir auf einen anderen warten?«
20 Als die Männer zu Jesus kamen, sagten sie:
»Johannes der Täufer schickt uns zu dir
und lässt dich fragen:
›Bist du der, der kommen soll,
oder müssen wir auf einen anderen warten?‹«
21 Jesus heilte gerade viele Menschen
von Krankheiten, schlimmen Leiden und bösen Geistern.
Vielen Blinden schenkte er,
dass sie wieder sehen konnten.
22 Er antwortete den Männern:
»Geht und berichtet Johannes,
was ihr gesehen und gehört habt:
Blinde sehen und Lahme gehen.
Menschen mit Aussatz werden rein.
Taube hören, Tote werden zum Leben erweckt,
und Armen wird die Gute Nachricht verkündet.
23 Glückselig ist, wer mich nicht ablehnt.«

Was Jesus über Johannes sagt

→ Matthäus 11,7-19

24 Die Boten von Johannes gingen wieder weg.
Jesus begann,
zu der Volksmenge über Johannes zu sprechen:
»Was habt ihr erwartet zu sehen,
als ihr zu Johannes in die Wüste gegangen seid?
Etwa ein Schilfrohr, das sich im Wind bewegt?

Prophet: 1. Könige 17,17-24 erzählt, wie der Prophet Elija den Sohn einer Witwe, die nicht zum Volk Israel gehört, wieder lebendig macht. Am Ende seines Lebens wurde Elija direkt von Gott in den Himmel geholt. Sein Wiederkommen wird als Zeichen für das beginnende Gericht Gottes erwartet, vgl. Maleachi 3,23.

Johannes der Täufer: Bereitet die Menschen auf das Kommen von Jesus vor.

der, der kommen soll: Der von Gott als Retter der Welt angekündigte Christus.

Aussatz: Bezeichnet verschiedene Arten von Hautkrankheiten. Als Ursache galten nicht nur medizinische Gründe, sondern auch eine gestörte Beziehung zu Gott.

Gute Nachricht: Wörtliche Übersetzung von »Evangelium«. Steht für Gottes Willen, die Menschen mit sich zu versöhnen und in Gemeinschaft mit sich leben zu lassen.

25 Oder was sonst habt ihr erwartet,
dort draußen zu sehen?
Einen Menschen in vornehmer Kleidung?
Ihr wisst doch:
Leute, die prächtige Kleider tragen
und im Luxus leben, wohnen in Palästen!
26 Oder was sonst habt ihr erwartet,
dort draußen zu sehen? Einen Propheten?
Ja, ich sage euch:
Ihr habt sogar mehr gesehen als einen Propheten!
27 Johannes ist derjenige,
von dem es in der Heiligen Schrift heißt:
›Siehe, ich sende meinen Boten vor dir her.
Der wird dir den Weg bereiten.‹
28 Das sage ich euch:
Kein Mensch, der je von einer Frau geboren wurde,
war bedeutender als Johannes.
Aber selbst der Unbedeutendste im Reich Gottes
ist bedeutender als er.
29 Alle aus dem Volk
und sogar die Zolleinnehmer
haben Johannes zugehört.
Sie haben geglaubt,
dass seine Botschaft von Gott kommt.
Deshalb haben sie sich von Johannes taufen lassen.
30 Aber die Pharisäer und Gesetzeslehrer
haben für sich die Rettung abgelehnt,
die Gott vorgesehen hatte.
Deshalb haben sie sich nicht von Johannes taufen lassen.

31 Womit soll ich die Menschen
dieser Generation vergleichen?
Welches Bild passt auf sie?
32 Sie sind wie Kinder, die auf dem Marktplatz sitzen
und sich beschweren: ›Ihr seid Spielverderber!
Wir haben Tanzmusik für euch gespielt,
aber ihr habt nicht getanzt.
Wir haben Trauermusik für euch gespielt,
aber ihr habt nicht geweint.‹
33 Als Johannes der Täufer gekommen ist,
aß er kein Brot und trank keinen Wein.
Deshalb sagt ihr über ihn:
›Er ist von einem Dämon besessen.‹
34 Als aber der Menschensohn gekommen ist,
aß und trank er. Deshalb sagt ihr über ihn:
›Seht nur: Dieser Mensch ist ein Vielfraß und Säufer.
Er ist befreundet mit Zolleinnehmern
und Sündern.‹

in der Heiligen Schrift heißt es: Das Zitat setzt sich zusammen aus 2. Mose/Exodus 23,20 und Maleachi 3,1.

Reich Gottes: Wörtlich »Königsherrschaft Gottes«. Bezeichnet den Herrschaftsbereich, in dem sich Gottes Wille durchsetzt.

taufen: Wörtlich »(in Wasser) eintauchen«. Religiöse Handlung, die den Willen zum Ausdruck bringt, sein Leben ganz auf Gott auszurichten.

Pharisäer: Angehöriger einer jüdischen Glaubensgruppe, die die biblischen Vorschriften und Gesetze sehr streng auslegte.

Gesetzeslehrer: Menschen, deren Aufgabe das Studium und die Auslegung der Lebensvorschriften des Alten Testaments war, vor allem der fünf Bücher Mose.

Menschensohn: Bezeichnung, die zum Ausdruck bringt, dass Menschen Geschöpfe Gottes sind. Im Neuen Testament ein Titel für Jesus, der von Gott zum Herrscher und Retter der Welt bestimmt wurde.

Zolleinnehmer: Beamte, die im Namen des römischen Staats Zoll erhoben. Sie bekamen keinen Lohn vom Staat, sondern lebten von dem Geld, das sie auf die festgesetzten Steuern aufschlugen. Deshalb hatten sie ein schlechtes Ansehen.

35 Doch die Weisheit Gottes ist immer im Recht –
das zeigt sich durch alle ihre Kinder.«

Der Pharisäer und die Sünderin

36 Einer der Pharisäer lud Jesus zum Essen ein.
Jesus ging in das Haus des Pharisäers
und legte sich zu Tisch.
37 In der Stadt lebte eine Frau,
die als Sünderin bekannt war.
Sie erfuhr,
dass Jesus im Haus des Pharisäers zu Gast war.
Mit einem Fläschchen voll kostbarem Salböl
ging sie dorthin.
38 Die Frau trat von hinten
an das Fußende des Polsters heran,
auf dem Jesus lag.
Sie weinte so sehr,
dass seine Füße von ihren Tränen nass wurden.
Mit ihrem Haar trocknete sie ihm die Füße,
küsste sie und salbte sie mit dem Öl.

39 Der Pharisäer, der Jesus eingeladen hatte,
beobachtete das alles und sagte sich:
»Wenn Jesus ein Prophet wäre,
müsste er doch wissen,
was für eine Frau ihn da berührt –
dass sie eine Sünderin ist.«
40 Da wandte sich Jesus an ihn und sagte:
»Simon, ich habe dir etwas zu sagen.«
Er antwortete: »Lehrer, sprich!«
41 Jesus sagte:
»Zwei Männer hatten Schulden bei einem Geldverleiher:
Der eine schuldete ihm fünfhundert Silberstücke,
der andere fünfzig.
42 Da sie es nicht zurückzahlen konnten,
schenkte er beiden das Geld.
Welcher von den beiden
wird den Geldverleiher dafür wohl mehr lieben?«
43 Simon antwortete: »Ich nehme an der,
dem der Geldverleiher mehr geschenkt hat.«
Da sagte Jesus zu ihm: »Du hast recht.«

44 Dann drehte er sich zu der Frau um
und sagte zu Simon: »Siehst du diese Frau?
Ich kam in dein Haus,
und du hast mir kein Wasser für die Füße gebracht.
Aber sie hat meine Füße mit ihren Tränen nass gemacht
und mit ihren Haaren getrocknet.

Kinder: Menschen, die die Botschaft von Johannes und Jesus annehmen und an Gott glauben.

zu Tisch liegen: Bei festlichen Anlässen war es in der griechisch-römischen Welt üblich, beim Essen zu liegen.

Sünderin: Frau, die sich von Gott abgewendet hat und seinen Willen missachtet.

Salbung, salben: Handlung, die eine besondere Wertschätzung zum Ausdruck bringt. Ein wohlriechendes Öl wird dabei über bestimmte Körperteile ausgegossen.

Wasser für die Füße: Das Gehen in Sandalen auf heißen, staubigen Straßen machte das Waschen der Füße beim Betreten eines Hauses nötig. Der Gastgeber ließ dies in der Regel durch einen Diener erledigen.

Salbung, salben: Handlung, die eine besondere Wertschätzung zum Ausdruck bringt. Ein wohlriechendes Öl wird dabei über bestimmte Körperteile ausgegossen.

Liebe: Ausdruck der Dankbarkeit, nicht Ursache der Vergebung.

Reich Gottes: Wörtlich »Königsherrschaft Gottes«. Bezeichnet den Herrschaftsbereich, in dem sich Gottes Wille durchsetzt.

die Zwölf: Meint die zwölf Jünger, die während der Zeit seines Wirkens bei Jesus waren.

Dämon: Eine böse Macht, die man sich in der Antike als Person vorstellte. Sie kämpft gegen Gott und nimmt einen Menschen ganz in Besitz.

Herodes Antipas: Sohn von Herodes dem Großen und Herrscher über Galiläa und Peräa (4 v. Chr.–39 n. Chr.).

Gleichnis: Erzählung, die ihre Botschaft in Bildern und Vergleichen vermittelt.

45 Du hast mir keinen Kuss zur Begrüßung gegeben.
Aber sie hat nicht aufgehört,
mir die Füße zu küssen, seit ich hier bin.
46 Du hast meinen Kopf nicht mit Öl gesalbt.
Aber sie hat meine Füße mit kostbarem Öl gesalbt.
47 Deshalb sage ich dir:
Ihre vielen Sünden sind ihr vergeben.
Darum hat sie so viel Liebe gezeigt.
Wem aber wenig vergeben wird,
der zeigt auch nur wenig Liebe.«
48 Dann sagte Jesus zu der Frau:
»Deine Sünden sind dir vergeben.«
49 Die anderen Gäste fragten sich:
»Wer ist dieser Mann, der sogar Sünden vergibt?«
50 Aber Jesus sagte zu der Frau:
»Dein Glaube hat dich gerettet. Geh in Frieden.«

Gottes Wort hören und tun 8,1-21

Die Zwölf und viele Frauen begleiten Jesus

8 1 In der folgenden Zeit zog Jesus
von Stadt zu Stadt und von Dorf zu Dorf.
Überall verkündete er die Gute Nachricht
vom Reich Gottes.
Die Zwölf begleiteten ihn.
2 Es waren auch einige Frauen dabei,
die Jesus von bösen Geistern
und Krankheiten geheilt hatte:
Maria aus Magdala,
die er von sieben Dämonen befreit hatte;
3 Johanna, die Frau von Chuza,
einem Verwalter im Dienst des Herodes;
Susanna und viele andere.
Sie alle unterstützten Jesus und die Jünger
mit dem, was sie besaßen.

Das Gleichnis vom Säen auf verschiedenen Böden

→ Matthäus 13,1-9; Markus 4,1-9

4 Eine große Volksmenge versammelte sich um Jesus,
und aus allen Orten strömten die Leute zu ihm.
Da erzählte er ihnen ein Gleichnis:
5 »Ein Bauer ging aufs Feld,
um seine Saat auszusäen.
Während er die Körner auswarf,
fiel ein Teil davon auf den Weg.
Die Körner wurden zertreten,
und die Vögel pickten sie auf.

[6] Ein anderer Teil fiel auf felsigen Boden.
Die Körner gingen auf und vertrockneten schnell wieder,
weil sie keine Feuchtigkeit hatten.
[7] Ein weiterer Teil fiel zwischen die Disteln.
Die Disteln gingen mit auf
und erstickten die junge Saat.
[8] Aber ein anderer Teil fiel auf guten Boden.
Die Körner gingen auf
und brachten hundertfachen Ertrag.«
Dann rief Jesus noch:
»Wer Ohren zum Hören hat, soll gut zuhören.«

Jesus erklärt das Gleichnis vom Säen auf verschiedenen Böden

→ Matthäus 13,10-23; Markus 4,10-20

[9] Da fragten ihn seine Jünger:
»Was bedeutet dieses Gleichnis?«
[10] Er antwortete: »Euch ist es geschenkt,
das Geheimnis vom Reich Gottes zu verstehen.
Aber die anderen Menschen erfahren davon
nur in Gleichnissen.
Denn sie sollen sehen, ohne etwas zu erkennen,
und hören, ohne etwas zu verstehen.

[11] Dies ist die Bedeutung des Gleichnisses:
Die Saat ist das Wort Gottes.
[12] Was auf den Weg fällt,
steht für die Menschen, die das Wort hören.
Aber dann kommt der Teufel.
Er nimmt es wieder weg aus ihren Herzen,
damit sie nicht glauben und gerettet werden.
[13] Ein anderer Teil fällt auf felsigen Boden.
Er steht für die Menschen, die das Wort hören
und gleich mit Freude in sich aufnehmen.
Aber es schlägt keine Wurzeln.
Eine Zeit lang glauben sie.
Doch sobald sie auf die Probe gestellt werden,
wenden sie sich wieder ab.
[14] Noch ein anderer Teil fällt zwischen die Disteln.
Er steht für die Menschen, die das Wort zunächst hören.
Doch dann gehen sie fort.
Sie ersticken in Sorgen, in Reichtum und den Freuden,
die das Leben bietet.
Daher bringen sie keinen Ertrag.
[15] Aber ein Teil fällt auch auf guten Boden.
Er steht für die Menschen, die das Wort
mit offenem und bereitwilligem Herzen hören.
Sie bewahren es und halten durch –
und so bringen sie viel Ertrag.«

Jünger: Wörtlich »Schüler«. Frauen und Männer, die ihrem Lehrer folgten und von ihm lernten.

Wort Gottes: Gottes Versprechen, dass die Menschen durch Tod und Auferstehung von Christus mit Gott versöhnt sind.

Satan, Teufel: Gegenspieler Gottes. Er versucht, die Menschen zu einem Verhalten zu bewegen, das Gottes Willen widerspricht.

Öllampe: Lampe, in der mit einem Docht Öl verbrannt wurde. Sie war lange Zeit die wichtigste künstliche Lichtquelle.

Jünger: Wörtlich »Schüler«. Frauen und Männer, die ihrem Lehrer folgten und von ihm lernten.

See Gennesaret: See im Norden Israels, zwischen den Golanhöhen und Galiläa gelegen.

Fallwind: Trockener Wind, der mit großer Geschwindigkeit vom Gebirge hinabfegt.

Meister: Anrede für Jesus, die nur im Lukasevangelium vorkommt. Sie entspricht der aramäischen Anrede »Rabbi«.

Das Gleichnis von der Lampe

→ Matthäus 13,12; Markus 4,21-25

16 Weiter sagte Jesus:
»Niemand zündet eine Öllampe an
und deckt sie mit einem Gefäß zu
oder stellt sie unter ein Bett.
Vielmehr stellt man sie auf einen Ständer.
So können alle, die hereinkommen, das Licht sehen.
17 Es gibt nichts Verborgenes,
das nicht zutage kommen wird.
Und es gibt nichts Geheimes,
das nicht bekannt wird und ans Licht kommt.
18 Achtet darauf, dass ihr gut zuhört.
Denn wer etwas hat, dem wird noch mehr gegeben.
Wer nichts hat, dem wird auch das noch weggenommen,
was er meint zu haben.«

Wer zur Familie von Jesus gehört

→ Matthäus 12,46-50; Markus 3,31-35

19 Da kamen die Mutter und die Brüder von Jesus zu ihm.
Doch wegen der Volksmenge
konnten sie nicht zu ihm durchkommen.
20 Jesus wurde mitgeteilt:
»Deine Mutter und deine Brüder stehen draußen.
Sie wollen dich sehen.«
21 Aber Jesus antwortete:
»Meine Mutter und meine Brüder sind alle,
die das Wort Gottes hören und danach handeln.«

Jesus tut Wunder 8,22-56

Im Sturm auf die Probe gestellt

→ Matthäus 8,23-27; Markus 4,35-41

22 Eines Tages stieg Jesus mit seinen Jüngern in ein Boot.
Er sagte zu ihnen:
»Wir wollen ans andere Ufer des Sees fahren.«
So legten sie vom Land ab.
23 Unterwegs schlief Jesus ein.
Plötzlich wühlte ein Sturm den See auf,
ein Fallwind von den Bergen.
Wasser schlug in das Boot,
und sie waren in großer Gefahr.
24 Die Jünger gingen zu Jesus und weckten ihn.
Sie riefen: »Meister, Meister! Wir gehen unter!«
Jesus stand auf und bedrohte den Wind und die Wellen.

Da hörten sie auf zu toben, und es wurde ganz still.
25 Jesus fragte die Jünger:
»Wo ist euer Glaube geblieben?«
Da fürchteten sie sich und staunten zugleich.
Sie fragten sich: »Wer ist er eigentlich?
Er befiehlt dem Wind und den Wellen,
und sie gehorchen ihm.«

Jesus befreit einen Mann, der von Dämonen beherrscht wird

→Matthäus 8,28-34; Markus 5,1-20

26 Jesus und seine Jünger fuhren mit dem Boot
in das Gebiet der Stadt Gerasa.
Das liegt gegenüber von Galiläa.
27 Als Jesus an Land ging,
kam ihm aus der Stadt ein Mann entgegen.
Er war von Dämonen besessen.
Schon lange trug er keine Kleider mehr.
Er lebte auch nicht in einem Haus,
sondern in den Grabkammern.
28 Als er Jesus sah, schrie er auf
und warf sich vor ihm nieder.
Mit lauter Stimme rief er: »Was willst du von mir,
Jesus, Sohn des Höchsten Gottes?
Ich flehe dich an: Quäl mich nicht!«
29 Denn Jesus hatte dem bösen Geist befohlen:
»Gib diesen Menschen frei!«
Der Geist hatte den Mann
schon lange in seiner Gewalt.
Schon oft hatte man dem Mann
Ketten und Fußfesseln angelegt.
So hatte man versucht,
ihn in sicherem Gewahrsam zu halten.
Doch er hatte die Fesseln immer wieder zerrissen.
Der Dämon hatte ihn dann immer wieder
in einsame Gegenden getrieben.

30 Jesus fragte ihn: »Wie heißt du?«
Er antwortete: »Legion.«
Denn viele Dämonen waren in den Mann gefahren.
31 Die Dämonen baten Jesus:
»Verbanne uns nicht in die Unterwelt!«
32 Auf dem Berg in der Nähe
weidete eine große Schweineherde.
Die Dämonen baten Jesus:
»Erlaube uns, in die Schweine hineinzufahren.«
Und er erlaubte es ihnen.

Glaube, glauben: Meint das tiefe Vertrauen auf Gott, das zu einem Leben nach seinem Willen führt.

Gerasa: Blühende Stadt etwa 60 km südöstlich des See Gennesaret auf nicht-jüdischem Gebiet.

Dämon: Eine böse Macht, die man sich in der Antike als Person vorstellte. Sie kämpft gegen Gott und nimmt einen Menschen ganz in Besitz.

Grabkammer: Ein in den Felsen geschlagener Raum mit mehreren Nischen zur Ablage von Toten, dessen Eingang nach der Bestattung verschlossen wurde.

Sohn Gottes: Titel, der das besondere Vertrauensverhältnis eines Menschen zu Gott zum Ausdruck bringt. Im Neuen Testament wird der Titel ausschließlich für Jesus verwendet.

Legion: Ausdruck für eine sehr hohe Zahl. Eine Legion ist die größte Abteilung des römischen Heeres mit etwa 4000–6000 Mann.

Unterwelt: Nach der damaligen Vorstellung ein Strafort, an dem die Gegner Gottes gefangen gehalten werden.

Schwein: Gilt in der Bibel als unreines Tier. Es darf nicht gegessen werden oder in den Bereich Gottes kommen.

Dämon: Eine böse Macht, die man sich in der Antike als Person vorstellte. Sie kämpft gegen Gott und nimmt einen Menschen ganz in Besitz.

See Gennesaret: See im Norden Israels, zwischen den Golanhöhen und Galiläa gelegen.

Synagogenleiter: War für alle Angelegenheiten einer Synagoge, der Versammlungsstätte jüdischer Gemeinden, zuständig.

33 Da verließen die Dämonen den Mann
und fuhren in die Schweine.
Die Herde stürzte sich den Abhang hinab in den See
und ertrank.

34 Als die Schweinehirten das sahen,
ergriffen sie die Flucht.
Sie erzählten davon in der Stadt und in den Dörfern.
35 Die Leute kamen herbei,
um selbst zu sehen, was geschehen war.
Sie kamen zu Jesus und fanden den Mann,
aus dem die Dämonen ausgefahren waren.
Er saß Jesus zu Füßen,
war angezogen und ganz vernünftig.
Da fürchteten sich die Leute.
36 Einige hatten aber gesehen, wie der Mann
von den Dämonen geheilt worden war.
Diese berichteten den anderen davon.
37 Die ganze Bevölkerung von Gerasa und aus der Umgebung
forderte Jesus daraufhin auf, von ihnen wegzugehen.
Denn große Furcht hatte sie erfasst.

Da stieg Jesus ins Boot, um zurückzufahren.
38 Aber der Mann, aus dem die Dämonen ausgefahren waren,
bat Jesus: »Ich möchte bei dir bleiben.«
Doch Jesus schickte ihn fort und sagte:
39 »Geh zurück nach Hause und erzähle,
was Gott für dich getan hat.«
Da kehrte der Mann zurück.
Er verkündete in der ganzen Stadt,
was Jesus für ihn getan hatte.

Jesus heilt eine Frau und weckt ein Mädchen vom Tod auf

→ Matthäus 9,18-26; Markus 5,21-43

40 Jesus kehrte auf die andere Seite des Sees zurück.
Dort empfing ihn die Volksmenge.
Alle hatten auf ihn gewartet.
41 Da kam ein Mann namens Jairus zu ihm.
Er war der Leiter der Synagoge.
Der warf sich vor Jesus nieder und flehte ihn an:
»Komm in mein Haus!
42 Meine Tochter liegt im Sterben!
Sie ist mein einziges Kind
und gerade einmal zwölf Jahre alt.«

Unterwegs wurde Jesus von der Volksmenge fast erdrückt.
43 Unter den Leuten war auch eine Frau,
die seit zwölf Jahren an Blutungen litt.

Sie hatte ihr ganzes Vermögen für Ärzte ausgegeben,
aber keiner hatte sie heilen können.
44 Sie drängte sich von hinten an Jesus heran
und berührte einen Zipfel seines Mantels.
Im selben Augenblick hörte ihre Blutung auf.
45 Jesus fragte: »Wer hat mich berührt?«
Keiner wollte es gewesen sein.
Petrus sagte: »Meister,
all die Leute umringen und bedrängen dich.«
46 Aber Jesus erwiderte: »Jemand hat mich berührt.
Ich habe doch gemerkt,
dass Kraft von mir ausgegangen ist.«
47 Da wusste die Frau,
dass sie es nicht verheimlichen konnte.
Zitternd trat sie vor
und warf sich vor Jesus nieder.
Vor dem ganzen Volk erklärte sie,
warum sie ihn berührt hatte.
Und sie erzählte,
wie sie im selben Augenblick geheilt worden war.
48 Jesus aber sagte zu ihr:
»Tochter, dein Glaube hat dich gerettet.
Geh in Frieden.«

49 Während er noch redete,
kam jemand aus dem Haus des Synagogenleiters.
Er sagte: »Deine Tochter ist gestorben.
Bemühe den Lehrer nicht mehr.«
50 Als Jesus das hörte, sagte er zu Jairus:
»Hab keine Angst!
Glaube nur, dann wird sie gerettet.«
51 Als Jesus zum Haus von Jairus kam,
ließ er niemanden mit hineingehen –
nur Petrus, Johannes und Jakobus
sowie den Vater und die Mutter des Kindes.
52 Alle weinten und trauerten um das Mädchen.
Aber Jesus sagte: »Hört auf zu weinen!
Denn das Mädchen ist nicht tot, es schläft nur.«
53 Da lachten sie ihn aus.
Sie wussten ja, dass es gestorben war.
54 Aber Jesus nahm seine Hand und rief laut:
»Mädchen, steh auf!«
55 Da kehrte das Leben in das Mädchen zurück,
und es stand sofort auf.
Jesus ordnete an: »Gebt ihm etwas zu essen!«
56 Seine Eltern gerieten außer sich.
Jesus aber befahl ihnen:
»Erzählt niemandem, was geschehen ist.«

Meister: Anrede für Jesus, die nur im Lukasevangelium vorkommt. Sie entspricht der aramäischen Anrede »Rabbi«.

Glaube, glauben: Meint das tiefe Vertrauen auf Gott, das zu einem Leben nach seinem Willen führt.

Lehrer: Ehrenvolle Anrede für die Schriftgelehrten, die auch Jesus gegenüber gebraucht wurde.

die Zwölf: Meint die zwölf Jünger, die während der Zeit seines Wirkens bei Jesus waren.

Reich Gottes: Wörtlich »Königsherrschaft Gottes«. Bezeichnet den Herrschaftsbereich, in dem sich Gottes Wille durchsetzt.

Gute Nachricht: Wörtliche Übersetzung von »Evangelium«. Steht für Gottes Willen, die Menschen mit sich zu versöhnen und in Gemeinschaft mit sich leben zu lassen.

Herodes Antipas: Sohn von Herodes dem Großen und Herrscher über Galiläa und Peräa (4 v. Chr.–39 n. Chr.).

Johannes der Täufer: Bereitet die Menschen auf das Kommen von Jesus vor.

Elija: Prophet, der am Ende seines Lebens direkt von Gott in den Himmel geholt wurde. Sein Wiederkommen wird als Zeichen für das beginnende Gericht Gottes erwartet, vgl. Maleachi 3,23.

Apostel: Wörtlich »Ausgesandte«. Menschen, die dazu berufen sind, die Gute Nachricht von Jesus Christus zu verkünden. Im engeren Sinn die zwölf Jünger von Jesus, die ihn während seines Lebens begleiteten.

Nachfolge auf dem Weg des Leidens 9,1-50

Jesus sendet seine Jünger aus

→Matthäus 10,9-15; Markus 6,7-13

9 1 Jesus rief die Zwölf zusammen.
Er gab ihnen Kraft und Vollmacht,
alle Dämonen auszutreiben und Krankheiten zu heilen.
2 Er sandte sie aus,
um das Reich Gottes zu verkünden
und die Kranken gesund zu machen.
3 Er sagte zu ihnen:
»Nehmt nichts mit auf den Weg:
keinen Wanderstock, keine Vorratstasche,
kein Brot, kein Geld und kein zusätzliches Hemd.
4 Wenn ihr in einem Haus aufgenommen werdet,
bleibt dort und zieht von dort aus weiter.
5 Wenn euch die Leute nicht aufnehmen: Verlasst die Stadt
und schüttelt den Staub von euren Füßen.
Dadurch sollen die Leute erkennen,
dass ihr Verhalten Folgen haben wird.«
6 Die Jünger zogen los und wanderten von Dorf zu Dorf.
Überall verkündeten sie die Gute Nachricht
und heilten die Kranken.

Was Herodes über Jesus denkt

→Matthäus 14,1-2; Markus 6,14-16

7 Der Landesfürst Herodes hörte von all diesen Vorgängen.
Er war beunruhigt, denn einige sagten über Jesus:
»Er ist Johannes, der von den Toten auferstanden ist.«
8 Andere sagten: »Elija ist aus dem Himmel zurückgekommen.«
Wieder andere behaupteten:
»Einer der alten Propheten ist auferstanden.«
9 Aber Herodes sagte:
»Ich selber habe Johannes den Kopf abschlagen lassen.
Wer ist dann der, über den ich solche Dinge höre?«
Deshalb wollte er Jesus kennenlernen.

Jesus macht 5000 Menschen satt

→Matthäus 14,13-21; Markus 6,30-44; Johannes 6,1-13

10 Die Apostel kehrten zu Jesus zurück.
Sie berichteten ihm, was sie alles getan hatten.
Dann nahm er sie mit sich.
Er brachte sie in die Gegend bei der Stadt Betsaida,
um mit ihnen allein zu sein.
11 Als die Leute davon erfuhren, folgten sie ihm.
Jesus ließ sie zu sich.
Er erzählte ihnen vom Reich Gottes
und machte alle gesund, die Heilung brauchten.

12 Als es Abend wurde, kamen die Zwölf zu Jesus und sagten:
»Schick doch die Leute weg. Dann können sie
zu den umliegenden Dörfern und Höfen ziehen.
Dort finden sie eine Unterkunft und etwas zu essen,
denn wir sind hier in einer einsamen Gegend.«
13 Jesus antwortete:
»Gebt doch ihr ihnen etwas zu essen!«
Da sagten sie:
»Wir haben nicht mehr als fünf Brote und zwei Fische.
Oder sollen wir etwa losgehen
und für das ganze Volk etwas zu essen kaufen?«
14 Es waren nämlich ungefähr 5000 Männer.
Da sagte Jesus zu seinen Jüngern: »Sorgt dafür,
dass sich die Leute zum Essen niederlassen –
in Gruppen zu etwa fünfzig.«
15 So machten es die Jünger, und alle ließen sich nieder.

16 Dann nahm Jesus die fünf Brote und die zwei Fische.
Er blickte zum Himmel auf und dankte Gott dafür.
Dann brach er sie in Stücke und gab sie den Jüngern.
Die sollten sie an die Volksmenge austeilen.
17 Die Leute aßen, und alle wurden satt.
Dann wurden die Reste eingesammelt,
die sie übrig gelassen hatten – zwölf Körbe voll.

Petrus spricht aus, wer Jesus ist

→ Matthäus 16,13-20; Markus 8,27-30; Johannes 6,67-69

18 Einmal hatte Jesus sich zurückgezogen,
um allein zu beten.
Nur die Jünger waren bei ihm.
Da fragte er sie:
»Für wen halten mich eigentlich die Leute?«
19 Sie antworteten:
»Manche halten dich für Johannes den Täufer,
andere für Elija.
Wieder andere meinen,
dass einer der anderen Propheten von früher
auferstanden ist.«
20 Da fragte er sie: »Und ihr, für wen haltet ihr mich?«
Petrus antwortete:
»Für den Christus, den Gott gesandt hat.«
21 Aber Jesus schärfte ihnen mit aller Strenge ein:
»Sagt das niemandem weiter!«

Jesus kündigt zum ersten Mal seinen Tod an

→ Matthäus 16,21-23; Markus 8,31-33

22 Dann sagte Jesus:
»Der Menschensohn wird viel leiden müssen.

Männer: Gezählt wurden offensichtlich nur die Männer. Es ist davon auszugehen, dass auch viele Frauen und Kinder anwesend waren.

Prophet: Verkündet, was Gott in einer bestimmten Situation zu sagen hat.

Christus: Bedeutet übersetzt »der Gesalbte«. Im Alten Testament werden Könige, aber auch Propheten und Priester bei Amtsantritt gesalbt. Später wird der von Gott zum Herrscher der Welt bestimmte Retter so genannt. Im Neuen Testament ist das Jesus.

Menschensohn: Bezeichnung, die zum Ausdruck bringt, dass Menschen Geschöpfe Gottes sind. Im Neuen Testament ein Titel für Jesus, der von Gott zum Herrscher und Retter der Welt bestimmt wurde.

Ratsälteste: Mitglieder des jüdischen Rats, der obersten Behörde zur Regelung religiöser Angelegenheiten.

führende Priester: Der amtierende Hohepriester, seine Vorgänger und weitere Priester aus der Führungsschicht.

Schriftgelehrte: Menschen, deren Aufgabe das Studium und die Auslegung der Heiligen Schrift ist.

Auferweckung: Meint die Auferstehung vom Tod und das ewige Leben im Reich Gottes.

folgen: Jesus zu folgen bedeutet, das Leben ganz in seinen Dienst zu stellen.

zu mir bekennt: Jemand spricht öffentlich aus, dass er an Jesus Christus glaubt. So wissen alle, dass diese Person ihr Leben in den Dienst von Christus stellt.

Mose: Führte Israel im Auftrag Gottes aus Ägypten und erhielt am Berg Sinai die Zehn Gebote.

Elija: Prophet, der am Ende seines Lebens direkt von Gott in den Himmel geholt wurde. Sein Wiederkommen wird als Zeichen für das beginnende Gericht Gottes erwartet, vgl. Maleachi 3,23.

Die Ratsältesten, die führenden Priester
und die Schriftgelehrten
werden ihn als Verbrecher behandeln.
Sie werden ihn hinrichten lassen.
Aber am dritten Tag wird er vom Tod auferweckt werden.«

Das Kreuz auf sich nehmen

→ Matthäus 16,24-28; Markus 8,34–9,1

23 Dann sagte Jesus zu allen Jüngern:
»Wer zu mir gehören will,
darf nicht an seinem Leben hängen.
Er muss jeden Tag sein Kreuz auf sich nehmen
und mir auf meinem Weg folgen.
24 Wer sein Leben retten will, wird es verlieren.
Wer sich aber zu mir bekennt
und deshalb sein Leben verliert, der wird es retten.
25 Was nützt es einem Menschen,
wenn er die ganze Welt gewinnt –
sich aber selbst verliert
oder schweren Schaden nimmt?
26 Denn wer sich nicht zu mir und meinen Worten bekennt,
muss wissen:
Der Menschensohn wird sich auch nicht zu ihm bekennen,
wenn er wiederkommt –
in seiner Herrlichkeit
und in der Herrlichkeit des Vaters
und der heiligen Engel.
27 Das sage ich euch, und es ist wahr:
Hier stehen einige, die werden nicht sterben,
sondern das Reich Gottes erleben.«

Drei Jünger sehen Jesus in der Herrlichkeit Gottes

→ Matthäus 17,1-9; Markus 9,2-10

28 Etwa acht Tage nachdem Jesus das gesagt hatte,
nahm er Petrus, Johannes und Jakobus mit sich.
Er stieg auf einen Berg, um zu beten.
29 Während er betete,
sah sein Gesicht auf einmal ganz verändert aus,
und seine Kleidung glänzte strahlend weiß.
30 Da redeten zwei Männer mit ihm.
Es waren Mose und Elija,
31 die in Herrlichkeit erschienen.
Sie sprachen mit Jesus über den Tod,
der ihm nach Gottes Plan in Jerusalem bevorstand.
32 Aber Petrus und die anderen waren fast eingeschlafen.
Trotzdem hielten sie sich wach.
So sahen sie Jesus in seiner Herrlichkeit
und die zwei Männer, die bei ihm standen.

33 Als die beiden sich von Jesus trennen wollten,
sagte Petrus zu ihm:
»Meister, es ist gut, dass wir hier sind.
Wir wollen drei Zelte aufschlagen:
eins für dich, eins für Mose und eins für Elija.«
Aber er wusste nicht, was er da sagte.

34 Während Petrus noch redete, zog eine Wolke auf,
und ihr Schatten legte sich über sie.
Die Wolke hüllte sie ganz ein, und sie fürchteten sich.
35 Eine Stimme erklang aus der Wolke:
»Das ist mein Sohn, ihn habe ich erwählt.
Hört auf ihn!«
36 Während die Stimme noch erklang,
war Jesus plötzlich wieder allein.
Die Jünger behielten das alles für sich.
Sie erzählten damals niemandem, was sie gesehen hatten.

Jesus heilt ein Kind und fordert zum Vertrauen auf

→ Matthäus 17,14-18; Markus 9,14-27

37 Am folgenden Tag
stiegen Jesus und die drei Jünger vom Berg herab.
Eine große Volksmenge kam Jesus entgegen.
38 Da schrie ein Mann aus der Volksmenge:
»Lehrer, ich bitte dich: Schau nach meinem Sohn!
Er ist mein einziges Kind.
39 Immer wieder packt ihn ein böser Geist,
sodass er plötzlich aufschreit.
Der Geist zerrt ihn hin und her,
bis er Schaum vor dem Mund hat.
Er lässt ihn kaum wieder los
und richtet ihn noch zugrunde.
40 Ich habe deine Jünger gebeten,
den Geist auszutreiben, aber sie konnten es nicht.«
41 Da antwortete Jesus:
»Was seid ihr nur für eine ungläubige
und verkehrte Generation!
Wie lange soll ich noch bei euch bleiben
und euch ertragen?
Bring deinen Sohn her!«
42 Als der Junge sich Jesus näherte,
riss der Dämon ihn zu Boden
und zerrte ihn hin und her.
Aber Jesus bedrohte den bösen Geist.
Er machte den Jungen gesund
und gab ihn seinem Vater zurück.
43 Da gerieten alle außer sich,
so sehr staunten sie über die Macht und Größe Gottes.

Meister: Anrede für Jesus, die nur im Lukasevangelium vorkommt. Sie entspricht der aramäischen Anrede »Rabbi«.

mein Sohn: Mit diesen Worten wird Jesus bei seiner Taufe von einer Stimme aus dem Himmel angeredet, vgl. Lukas 3,22.

Lehrer: Ehrenvolle Anrede für die Schriftgelehrten, die auch Jesus gegenüber gebraucht wurde.

böser Geist: Eine böse Macht, die man sich als Person vorstellte. Sie kämpft gegen Gott und nimmt einen Menschen völlig in Besitz.

Jünger: Wörtlich »Schüler«. Frauen und Männer, die ihrem Lehrer folgten und von ihm lernten.

Menschensohn: Bezeichnung, die zum Ausdruck bringt, dass Menschen Geschöpfe Gottes sind. Im Neuen Testament ein Titel für Jesus, der von Gott zum Herrscher und Retter der Welt bestimmt wurde.

Meister: Anrede für Jesus, die nur im Lukasevangelium vorkommt. Sie entspricht der aramäischen Anrede »Rabbi«.

Dämon: Eine böse Macht, die man sich in der Antike als Person vorstellte. Sie kämpft gegen Gott und nimmt einen Menschen ganz in Besitz.

in den Himmel aufgenommen: Von der Himmelfahrt erzählen Lukas 24,50-53 und Apostelgeschichte 1,4-11.

Jesus kündigt zum zweiten Mal seinen Tod an

→Matthäus 17,22-23; Markus 9,30-32

Alle waren tief beeindruckt von dem, was Jesus tat.
Da sagte er zu seinen Jüngern:
44 »Merkt euch gut, was ich jetzt sage:
Der Menschensohn wird ausgeliefert werden
in die Hände der Menschen.«
45 Aber die Jünger verstanden nicht,
was Jesus sagen wollte.
Die Bedeutung war ihnen verhüllt,
sodass sie es nicht begreifen konnten.
Und sie scheuten sich, ihn danach zu fragen.

Wer ist bei Gott wichtig?

→Matthäus 18,1-5; Markus 9,33-37

46 Die Jünger stritten darüber,
wer von ihnen der Wichtigste war.
47 Jesus wusste, was in ihnen vorging.
Er nahm ein Kind, stellte es neben sich
48 und sagte zu ihnen: »Wer dieses Kind aufnimmt
und sich dabei auf mich beruft, der nimmt mich auf.
Und wer mich aufnimmt,
nimmt den auf, der mich gesandt hat.
Denn wer unter euch allen der Geringste ist,
der ist in Wirklichkeit groß.«

Wer nicht gegen euch ist, ist für euch

→Markus 9,38-40

49 Johannes sagte zu Jesus:
»Meister, wir haben gesehen,
wie jemand deinen Namen dazu benutzt hat,
Dämonen auszutreiben.
Wir wollten ihn davon abhalten,
denn er gehört nicht zu uns.«
50 Aber Jesus antwortete: »Hindert ihn nicht daran!
Denn wer nicht gegen euch ist, der ist für euch.«

Jesus auf dem Weg nach Jerusalem 9,51–19,27

Was es bedeutet, Jesus nachzufolgen 9,51–10,24

Jesus wird in einem Dorf in Samarien abgewiesen

51 Dann war es so weit: Die Tage kamen näher,
an denen Jesus die Welt verlassen
und in den Himmel aufgenommen werden sollte.

Jesus machte sich fest entschlossen
auf den Weg nach Jerusalem.
52 Er schickte Boten voraus.
Die kamen in ein Dorf der Samariter
und wollten dort für ihn eine Unterkunft suchen.
53 Doch die Dorfbewohner nahmen Jesus nicht auf,
weil Jerusalem sein Ziel war.
54 Als die Jünger Jakobus und Johannes das erfuhren,
sagten sie:
»Herr, wenn du willst, befehlen wir:
›Feuer soll vom Himmel fallen und sie vernichten!‹«
55 Da drehte er sich zu ihnen um
und wies sie streng zurecht.
[...]
56 Dann zogen sie weiter in ein anderes Dorf.

Sich ganz auf Jesus einlassen

→ Matthäus 8,19-22

57 Unterwegs sagte jemand zu Jesus:
»Ich will dir folgen, wohin du auch gehst!«
58 Jesus antwortete:
»Die Füchse haben ihren Bau und die Vögel ihr Nest.
Aber der Menschensohn hat keinen Ort,
an dem er sich ausruhen kann.«

59 Einen anderen forderte Jesus auf: »Folge mir!«
Aber der sagte: »Herr, erlaube mir,
zuerst noch einmal nach Hause zu gehen
und meinen Vater zu begraben.«
60 Aber Jesus antwortete:
»Überlass es den Toten, ihre Toten zu begraben.
Du aber geh los und verkünde das Reich Gottes!«

61 Wieder ein anderer sagte zu Jesus:
»Ich will dir folgen, Herr!
Doch erlaube mir,
zuerst von meiner Familie Abschied zu nehmen.«
62 Aber Jesus antwortete:
»Wer die Hand an den Pflug legt und zurückschaut,
der eignet sich nicht für das Reich Gottes.«

Jesus sendet 72 Jünger aus

→ Matthäus 10,7-16

10 1 Danach bestimmte der Herr
weitere 72 von seinen Jüngern.
Er sandte sie jeweils zu zweit vor sich her.
Sie sollten in alle Städte und Orte vorausgehen,
in die er selbst gehen wollte.

Jerusalem: Mit dem Tempel religiöses und kulturelles Zentrum des Landes.

Samariter: Aus den Israeliten hervorgegangene Glaubensgruppe, die nur die fünf Bücher Mose als Heilige Schrift anerkannte. Zwischen ihnen und den Juden herrschte Rivalität.

[...]: Einige spätere Handschriften fügen hinzu: »Er sagte: ›Ihr wisst nicht, was für ein Geist da aus euch spricht. Der Menschensohn ist nicht gekommen, um Menschenleben zu vernichten, sondern um sie zu retten.‹ «

folgen: Jesus zu folgen bedeutet, das Leben ganz in seinen Dienst zu stellen.

Reich Gottes: Wörtlich »Königsherrschaft Gottes«. Bezeichnet den Herrschaftsbereich, in dem sich Gottes Wille durchsetzt.

Pflug: Landwirtschaftliches Gerät zum Lockern des Ackerbodens.

Herr: Anrede und Bezeichnung für Jesus. Sie bringt zum Ausdruck, dass man sich in seinen Dienst stellt.

Frieden: Begrüßung, mit der man sich in einem umfassenden Sinn Frieden, Glück und Wohlergehen wünscht, die aus der Beziehung mit Gott hervorgehen.

Reich Gottes: Wörtlich »Königsherrschaft Gottes«. Bezeichnet den Herrschaftsbereich, in dem sich Gottes Wille durchsetzt.

Sodom, Gomorra: Die Städte wurden vernichtet, weil ihre Bewohner sich von Gott abgewandt hatten; vgl. 1. Mose/Genesis 19.

Tag des Gerichts: Der Tag, an dem Christus wiederkommt. Dann hält Gott Gericht und sein Reich bricht endgültig an.

Chorazin: Ortschaft in Galiläa, nördlich des See Gennesaret gelegen.

Tyros, Sidon: Bedeutende Hafenstädte, im heutigen Libanon gelegen. Zur Zeit von Jesus hatten sie einen großen nicht-jüdischen Bevölkerungsanteil.

2 Er sagte zu ihnen: »Hier ist eine große Ernte,
aber es gibt nur wenige Erntearbeiter.
Bittet also den Herrn dieser Ernte,
dass er Arbeiter auf sein Erntefeld schickt.
3 Macht euch auf den Weg!
Denkt daran: Ich sende euch wie Lämmer
mitten unter die Wölfe.
4 Nehmt keinen Geldbeutel mit,
keine Vorratstasche und keine Sandalen.
Und haltet euch nicht damit auf,
unterwegs jemanden zu grüßen.

5 Wenn ihr in ein Haus kommt,
dann sagt als Erstes:
›Ich wünsche den Bewohnern dieses Hauses Frieden!‹
6 Wenn dort ein Kind des Friedens wohnt,
wird dieser Frieden bei ihm einkehren.
Sonst wird euer Gruß ohne Wirkung bleiben.
7 Bleibt in diesem Haus.
Esst und trinkt, was euch angeboten wird.
Denn wer arbeitet,
hat ein Anrecht auf seinen Lohn.
Zieht nicht von Haus zu Haus.

8 Wenn ihr in eine Stadt kommt
und die Bewohner euch aufnehmen:
Esst, was euch vorgesetzt wird.
9 Heilt die Kranken, die dort leben.
Verkündet den Leuten:
›Das Reich Gottes kommt euch jetzt nahe!‹
10 Aber wenn ihr in eine Stadt kommt
und die Bewohner euch nicht aufnehmen:
Geht hinaus auf die Straßen der Stadt und ruft:
11 ›Sogar den Staub aus eurer Stadt,
der an unseren Füßen klebt, schütteln wir ab.
Doch das sollt ihr wissen:
Das Reich Gottes kommt jetzt nahe!‹
12 Das sage ich euch:
Für die Leute von Sodom
wird es am Tag des Gerichts erträglicher sein
als für diese Stadt.«

Das Urteil über die Städte in Galiläa

→ Matthäus 10,40; 11,20-24

13 »Wehe dir, Chorazin! Wehe dir, Betsaida!
Wären in Tyros und Sidon die Wunder passiert,
die ich bei euch vollbracht habe:

Die Menschen hätten schon längst den Sack angelegt.
Sie hätten sich hingesetzt,
sich Asche auf den Kopf gestreut
und ihr Leben geändert.
14 Aber wenn das Gericht kommt,
wird es für Tyros und Sidon erträglicher sein
als für euch.
15 Und du, Kapernaum, meinst du,
du wirst in den Himmel erhoben?
In die Hölle wirst du hinabgestoßen!
16 Wer auf euch hört, hört auf mich.
Und wer euch ablehnt, lehnt mich ab.
Aber wer mich ablehnt,
lehnt den ab, der mich gesandt hat.«

Die Rückkehr der 72 Jünger

17 Die 72 Jünger kehrten zurück
und berichteten voller Freude:
»Herr, sogar die Dämonen gehorchen uns,
wenn wir uns auf deinen Namen berufen.«
18 Jesus sagte zu ihnen: »Ich sah den Satan
wie einen Blitz aus dem Himmel hinabstürzen.
19 Ich habe euch die Vollmacht gegeben,
auf Schlangen und Skorpione zu treten.
Die ganze Macht des Feindes könnt ihr überwinden!
Nichts, aber auch gar nichts davon
kann euch etwas anhaben.
20 Aber ihr sollt euch nicht darüber freuen,
dass euch die Geister gehorchen.
Freut euch vielmehr darüber,
dass eure Namen im Himmel aufgeschrieben sind.«

Jesus und der Vater

→ *Matthäus 11,25-27; 13,16-17*

21 Im selben Augenblick wurde Jesus
vom Heiligen Geist erfüllt und jubelte:
»Ich preise dich, Vater,
du Herr über den Himmel und die Erde!
Denn du hast das alles
vor den Weisen und Klugen verborgen.
Aber den einfachen Leuten hast du es offenbart.
Ja, Vater, so hast du es gewollt!
22 Alles hat mir mein Vater übergeben.
Niemand weiß, wer der Sohn ist, nur der Vater.
Und niemand weiß, wer der Vater ist, nur der Sohn –
und die Menschen,
denen der Sohn den Vater zeigen will.«

Sack, Asche: Einen Sack anzuziehen und Asche auf den Kopf zu streuen sind Zeichen tiefer Betroffenheit und gehören zu den Trauerbräuchen.

Dämon: Eine böse Macht, die man sich in der Antike als Person vorstellte. Sie kämpft gegen Gott und nimmt einen Menschen ganz in Besitz.

im Himmel aufgeschrieben: Man stellte sich vor, dass es ähnlich Bürgerlisten auf der Erde im Himmel ein »Buch des Lebens« gibt, in dem die Namen aller stehen, die zu Gott gehören.

Sohn Gottes: Titel, der das besondere Vertrauensverhältnis eines Menschen zu Gott zum Ausdruck bringt. Im Neuen Testament wird der Titel ausschließlich für Jesus verwendet.

Schriftgelehrte: Menschen, deren Aufgabe das Studium und die Auslegung der Heiligen Schrift ist.

Lehrer: Ehrenvolle Anrede für die Schriftgelehrten, die auch Jesus gegenüber gebraucht wurde.

ewiges Leben: Leben im Reich Gottes und in unmittelbarer Gemeinschaft mit Gott nach der Auferstehung vom Tod.

Gesetz: Die Lebensvorschriften des Alten Testaments, besonders die fünf Bücher Mose.

antwortete: Das Zitat verbindet 5. Mose/Deuteronomium 6,5 und 3. Mose/Levitikus 19,18.

Jerusalem: Mit dem Tempel religiöses und kulturelles Zentrum des Landes.

Jericho: Oasenstadt in der judäischen Wüste nördlich des Toten Meers.

Priester, Levit: Priester und Leviten gehören zum Personal des Tempels in Jerusalem. Um ihren Dienst ausführen zu können, durften sie sich beispielsweise durch die Berührung mit einem Toten nicht unrein machen.

Samariter: Aus den Israeliten hervorgegangene Glaubensgruppe, die nur die fünf Bücher Mose als Heilige Schrift anerkannte. Zwischen ihnen und den Juden herrschte Rivalität.

23 Dann wandte sich Jesus allein an die Jünger
und sagte:
»Glückselig sind die Augen, die sehen, was ihr seht.
24 Das sage ich euch:
Viele Propheten und Könige wollten sehen,
was ihr seht – aber sie sahen es nicht.
Und sie wollten hören, was ihr hört –
aber sie hörten es nicht.«

Jesus als Lehrer 10,25–11,54

Die Frage nach dem ewigen Leben

→ Matthäus 22,34-40; Markus 12,28-31

25 Da kam ein Schriftgelehrter
und wollte Jesus auf die Probe stellen.
Er fragte ihn: »Lehrer, was soll ich tun,
damit ich das ewige Leben bekomme?«
26 Jesus fragte zurück: »Was steht im Gesetz?
Was liest du da?«
27 Der Schriftgelehrte antwortete:
»Du sollst den Herrn, deinen Gott, lieben
mit deinem ganzen Herzen,
mit deiner ganzen Seele,
mit deiner ganzen Kraft
und mit deinem ganzen Denken.«
Und: »Liebe deinen Mitmenschen wie dich selbst.«
28 Jesus sagte zu ihm: »Du hast richtig geantwortet.
Halte dich daran und du wirst leben.«

Das Beispiel des barmherzigen Samariters

29 Aber der Schriftgelehrte wollte sich verteidigen.
Deshalb sagte er zu Jesus:
»Wer ist denn mein Mitmensch?«
30 Jesus erwiderte:
»Ein Mann ging von Jerusalem nach Jericho.
Unterwegs wurde er von Räubern überfallen.
Sie plünderten ihn bis aufs Hemd aus
und schlugen ihn zusammen.
Dann machten sie sich davon
und ließen ihn halb tot liegen.
31 Nun kam zufällig ein Priester denselben Weg herab.
Er sah den Verwundeten und ging vorbei.
32 Genauso machte es ein Levit, als er zu der Stelle kam:
Er sah den Verwundeten und ging vorbei.
33 Aber dann kam ein Samariter dorthin,
der auf der Reise war.

Als er den Verwundeten sah, hatte er Mitleid mit ihm.
34 Er ging zu ihm hin,
behandelte seine Wunden mit Öl und Wein
und verband sie.
Dann setzte er ihn auf sein eigenes Reittier,
brachte ihn in ein Gasthaus und pflegte ihn.
35 Am nächsten Tag holte er zwei Silberstücke hervor,
gab sie dem Wirt und sagte:
›Pflege den Verwundeten!
Wenn es mehr kostet,
werde ich es dir geben, wenn ich wiederkomme.‹

36 Was meinst du:
Wer von den dreien ist dem Mann,
der von den Räubern überfallen wurde,
als Mitmensch begegnet?«
37 Der Schriftgelehrte antwortete:
»Der Mitleid hatte und sich um ihn gekümmert hat.«
Da sagte Jesus zu ihm:
»Dann geh und mach es ebenso.«

Jesus bei Maria und Marta

38 Als Jesus mit seinen Jüngern weiterzog,
kam er in ein Dorf.
Dort nahm ihn eine Frau als Gast bei sich auf.
Ihr Name war Marta.
39 Sie hatte eine Schwester, die Maria hieß.
Die setzte sich zu Füßen des Herrn nieder
und hörte ihm zu.
40 Aber Marta war ganz davon in Anspruch genommen,
sie zu bewirten.
Schließlich stellte sie sich vor Jesus hin und sagte:
»Herr, macht es dir nichts aus,
dass meine Schwester mich alles allein machen lässt?
Sag ihr doch, dass sie mir helfen soll!«
41 Aber der Herr antwortete:
»Marta, Marta! Du bist so besorgt
und machst dir Gedanken um so vieles.
42 Aber nur eines ist notwendig:
Maria hat das Bessere gewählt,
das wird ihr niemand mehr wegnehmen.«

Über das Beten (Das Vaterunser)

→Matthäus 6,9-13; 7,7-11

11 1 Einmal hatte sich Jesus zurückgezogen, um zu beten.
Als er sein Gebet beendet hatte,
bat ihn einer seiner Jünger:

Jünger: Wörtlich »Schüler«. Frauen und Männer, die ihrem Lehrer folgten und von ihm lernten.

»Herr, sag uns, wie wir beten sollen.
Auch Johannes hat seine Jünger beten gelehrt.«
2 Da sagte Jesus zu ihnen:
»Wenn ihr betet, dann so:

Vater, dein Name soll geheiligt werden.
Dein Reich soll kommen.
3 Gib uns heute unser tägliches Brot.
4 Und vergib uns unsere Schuld –
denn auch wir vergeben allen,
die an uns schuldig werden.
Stell uns nicht auf die Probe.«

5 Dann sagte Jesus zu seinen Jüngern:
»Stellt euch vor: Einer von euch hat einen Freund.
Mitten in der Nacht geht er zu ihm und sagt:
›Mein Freund, leih mir doch drei Brote!
6 Ein Freund hat auf seiner Reise bei mir haltgemacht.
Ich habe nichts im Haus, was ich ihm anbieten kann.‹
7 Aber von drinnen kommt die Antwort:
›Lass mich in Ruhe!
Die Tür ist schon zugeschlossen,
und meine Kinder liegen bei mir im Bett.
Ich kann jetzt nicht aufstehen
und dir etwas geben.‹
8 Das sage ich euch:
Schließlich wird er doch aufstehen und ihm geben,
was er braucht –
wenn schon nicht aus Freundschaft,
dann doch wegen seiner Unverschämtheit.

9 Ich sage euch:
Bittet und es wird euch gegeben!
Sucht und ihr werdet finden!
Klopft an und es wird euch aufgemacht!
10 Denn wer bittet, der bekommt.
Und wer sucht, der findet.
Und wer anklopft, dem wird aufgemacht.
11 Welcher Vater unter euch
gibt seinem Kind eine Schlange,
wenn es um einen Fisch bittet?
12 Oder einen Skorpion, wenn es um ein Ei bittet?
13 Ihr Menschen seid böse.
Trotzdem wisst ihr,
was euren Kindern guttut,
und gebt es ihnen.
Wie viel mehr wird der Vater im Himmel
den Heiligen Geist denen geben, die ihn darum bitten.«

Johannes der Täufer: Bereitet die Menschen auf das Kommen von Jesus vor.

Name: Steht für Gott selbst und seine Gegenwart in der Welt.

geheiligt: Gott wird gebeten, sich der Welt in seiner ganzen Heiligkeit zu offenbaren. Dann wird in der Welt nichts mehr geschehen, was seinem Willen widerspricht.

Schuld: Konkrete Verfehlungen, die von Gott trennen und das Gewissen belasten können.

Jünger: Wörtlich »Schüler«. Frauen und Männer, die ihrem Lehrer folgten und von ihm lernten.

Vater im Himmel: Bezeichnung für Gott.

Heiliger Geist: Kraft, durch die Gott in der Welt wirkt.

Gefährliche Vorwürfe gegen Jesus

→Matthäus 12,22-30; Markus 3,22-27

14 Jesus trieb einen Dämon aus, der stumm war.
Als der Dämon ihn freigab, konnte der Mann sprechen.
Die Volksmenge staunte.
15 Einige der Leute sagten:
»Beelzebul, der Oberste der Dämonen,
hilft ihm, andere Dämonen auszutreiben.«
16 Andere wollten ihn auf die Probe stellen.
Sie verlangten von ihm ein Zeichen vom Himmel.
17 Aber Jesus wusste, was sie dachten, und sagte:
»Wenn ein Staat in sich zerstritten ist,
bricht er zusammen.
Dann bleibt kein Stein auf dem anderen.
18 Wenn nun der Satan mit sich selbst im Streit liegt:
Wie soll dann sein Reich bestehen?
Ihr behauptet ja,
Beelzebul hilft mir, die Dämonen auszutreiben.
19 Aber wenn Beelzebul mir hilft,
die Dämonen auszutreiben:
Wer hilft dann eigentlich euren Anhängern,
sie auszutreiben?
Deshalb werden eure eigenen Leute eure Richter sein.
20 Wenn mir aber der Finger Gottes hilft,
Dämonen auszutreiben,
dann ist das Reich Gottes schon zu euch gekommen!
21 Solange der Starke gut bewaffnet
seinen Palast bewacht, ist sein Besitz in Sicherheit.
22 Aber wenn ein Stärkerer ihn angreift,
wird der ihn besiegen.
Der Stärkere wird ihm alle Waffen wegnehmen,
auf die er sich verlassen hat.
Dann wird er die Beute verteilen.
23 Wer nicht für mich ist, der ist gegen mich.
Und wer nicht mit mir sammelt, der treibt auseinander!«

Ausgetriebene Geister können zurückkehren

→Matthäus 12,43-45

24 »Wenn ein böser Geist einen Menschen verlässt,
irrt er in trockenen Steppen umher.
Er sucht nach Ruhe, aber er findet sie nicht.
Dann sagt er sich:
›Ich will in mein altes Haus zurückkehren,
aus dem ich ausgezogen bin.‹
25 Er geht zurück und findet es sauber und aufgeräumt vor.
26 Da macht er sich auf
und bringt noch sieben weitere böse Geister mit.
Die sind sogar schlimmer als er selbst.

Dämon: Eine böse Macht, die man sich in der Antike als Person vorstellte. Sie kämpft gegen Gott und nimmt einen Menschen ganz in Besitz.

Beelzebul: Bezeichnung für den Anführer der Dämonen und bösen Geister.

Zeichen, Wunder: Ausweis der göttlichen Vollmacht, mit der eine Person handelt.

Satan, Teufel: Gegenspieler Gottes. Er versucht, die Menschen zu einem Verhalten zu bewegen, das Gottes Willen widerspricht.

Reich Gottes: Wörtlich »Königsherrschaft Gottes«. Bezeichnet den Herrschaftsbereich, in dem sich Gottes Wille durchsetzt.

der Starke: Bild für den Satan, der den Menschen und die Welt in Besitz genommen hat.

ein Stärkerer: Bild für Christus, den von Gott zum Herrscher der Welt bestimmten Retter.

böser Geist: Eine böse Macht, die man sich als Person vorstellte. Sie kämpft gegen Gott und nimmt einen Menschen völlig in Besitz.

Wort Gottes: Gottes Versprechen, dass die Menschen durch Tod und Auferstehung von Christus mit Gott versöhnt sind.

Zeichen, Wunder: Ausweis der göttlichen Vollmacht, mit der eine Person handelt.

Jona: Prophet, der die Bevölkerung der Stadt Ninive im Namen Gottes dazu aufrief, ihr Leben zu ändern, um Gottes Gericht zu entgehen; vgl. Jona 3.

Menschensohn: Bezeichnung, die zum Ausdruck bringt, dass Menschen Geschöpfe Gottes sind. Im Neuen Testament ein Titel für Jesus, der von Gott zum Herrscher und Retter der Welt bestimmt wurde.

Tag des Gerichts: Der Tag, an dem Christus wiederkommt. Dann hält Gott Gericht und sein Reich bricht endgültig an.

Königin von Saba: Mächtige Herrscherin, von deren Besuch bei König Salomo in 1. Könige 10,1-13 erzählt wird.

Sie ziehen ein und wohnen dort.
Am Ende geht es diesem Menschen
noch schlechter als am Anfang.«

Wer sich freuen darf

27 Als Jesus das sagte,
rief eine Frau aus der Volksmenge ihm zu:
»Glückselig ist der Leib,
der dich zur Welt gebracht hat.
Und glückselig sind die Brüste,
die dich gestillt haben!«
28 Aber Jesus antwortete:
»Glückselig sind vielmehr die,
die das Wort Gottes hören und danach leben.«

Die Gegner fordern von Jesus einen Beweis

→ Matthäus 12,38-42

29 Immer mehr Leute strömten bei Jesus zusammen.
Da sagte er: »Die Menschen dieser Generation sind böse.
Sie verlangen ein Zeichen.
Aber sie werden keines bekommen
außer dem Zeichen des Propheten Jona.
30 Denn Jona wurde für die Leute von Ninive
zu einem Zeichen Gottes.
Genauso wird auch der Menschensohn
für diese Generation zu einem Zeichen Gottes.

31 Am Tag des Gerichts wird die Königin von Saba auftreten,
zusammen mit den Menschen dieser Generation.
Sie wird diese Menschen verurteilen.
Denn sie kam vom äußersten Ende der Welt herbei,
um die weisen Lehren Salomos zu hören.
Seht doch: Hier steht ein Größerer als Salomo!

32 Am Tag des Gerichts
werden die Menschen von Ninive auferstehen
zusammen mit dieser Generation.
Sie werden diese Generation verurteilen.
Denn sie änderten ihr Leben, als Jona sie warnte.
Seht doch: Hier steht ein Größerer als Jona!«

Vom Licht, das alles hell macht

→ Matthäus 5,15; 6,22-23; Markus 4,21

33 »Niemand zündet eine Öllampe an,
um sie in eine Ecke zu stellen
oder unter einen Tontopf.
Im Gegenteil: Man stellt sie auf den Lampenständer.
So können alle, die das Haus betreten, das Licht sehen.

34 Die Lampe des Körpers ist dein Auge.
Wenn dein Auge klar ist,
ist dein ganzer Körper voller Licht.
Ist es aber trübe,
ist auch dein Körper voller Finsternis.
35 Achte deshalb darauf,
dass das Licht in dir nicht Finsternis ist.
36 Wenn nun dein Körper ganz voller Licht
und nichts an ihm finster ist:
dann wird alles voller Licht sein –
als ob eine Lampe dich hell erleuchtet.«

Wehe den Gesetzeslehrern!

→ Matthäus 23,1-36

37 Jesus beendete seine Rede.
Da lud ihn ein Pharisäer zum Essen ein.
Jesus ging in sein Haus und legte sich zu Tisch.
38 Der Pharisäer wunderte sich,
dass Jesus sich vor dem Essen nicht zuerst wusch.
39 Da sagte der Herr zu ihm: »So seid ihr Pharisäer:
Becher und Schüsseln haltet ihr von außen sauber.
Aber in euerm Innern seid ihr voller Gier und Bosheit.
40 Ihr Narren! Hat Gott nicht beides geschaffen,
das Äußere und das Innere?
41 Gebt doch den Armen das, was euch zur Verfügung steht.
Dann ist bei euch alles rein!

42 Doch wehe euch, ihr Pharisäer!
Denn ihr gebt Gott sogar den zehnten Teil
von Gewürzen wie Minze, Raute
und jedem anderen Gartengewächs.
Gleichzeitig beachtet ihr nicht die Gerechtigkeit
und die Liebe zu Gott.
Das solltet ihr aber tun, ohne das andere zu lassen.
43 Wehe euch, ihr Pharisäer!
In den Synagogen ist es euch wichtig,
die Ehrenplätze zu bekommen.
Und auf den Marktplätzen wollt ihr gegrüßt werden.
44 Wehe euch!
Denn ihr seid wie Gräber, die man nicht mehr erkennt.
Die Leute gehen über sie hinweg, ohne es zu merken.«

45 Da sagte einer der Gesetzeslehrer zu Jesus:
»Lehrer! Mit diesen Worten beleidigst du auch uns.«
46 Jesus antwortete:
»Wehe auch euch, ihr Gesetzeslehrer!
Denn ihr legt den Leuten Lasten auf,
die sie kaum tragen können.

Pharisäer: Angehöriger einer jüdischen Glaubensgruppe, die die biblischen Vorschriften und Gesetze sehr streng auslegte.

zu Tisch liegen: Bei festlichen Anlässen war es in der griechisch-römischen Welt üblich, beim Essen zu liegen.

waschen: Neben hygienischen Gründen spielen beim Händewaschen vor allem religiöse Vorstellungen eine Rolle.

zehnter Teil: Abgabe vom jährlichen Ernteertrag an das Heiligtum. Sie gehört Gott.

Raute: Aromatisches Staudengewächs, das im östlichen Mittelmeerraum wächst.

Synagoge: Versammlungsstätte einer jüdischen Gemeinde.

Gesetzeslehrer: Menschen, deren Aufgabe das Studium und die Auslegung der Lebensvorschriften des Alten Testaments war, vor allem der fünf Bücher Mose.

Apostel: Wörtlich »Ausgesandte«. Menschen, die dazu berufen sind, die Gute Nachricht von Jesus Christus zu verkünden. Im engeren Sinn die zwölf Jünger von Jesus, die ihn während seines Lebens begleiteten.

Abel: Sohn von Adam und Eva, der von seinem Bruder Kain erschlagen wird; vgl. 1. Mose/ Genesis 4,1-16.

Secharja: 2. Chronik 24,20-22 erzählt, dass Secharja umgebracht wurde, weil er im Auftrag Gottes den König und das Volk kritisierte.

Schriftgelehrte: Menschen, deren Aufgabe das Studium und die Auslegung der Heiligen Schrift ist.

Sauerteig: Brotteig, bei dem eine kleine Menge gegorener Teig zum neuen Teig gegeben wird. Dadurch geht der Teig auf und wird locker.

Pharisäer: Angehöriger einer jüdischen Glaubensgruppe, die die biblischen Vorschriften und Gesetze sehr streng auslegte.

Aber ihr selbst macht keinen Finger krumm,
um sie zu tragen.
47 Wehe euch!
Denn ihr errichtet Grabmäler für die Propheten,
die von euren Vorfahren umgebracht worden sind.
48 Damit bezeugt ihr öffentlich:
Ihr seid einverstanden mit den Taten eurer Vorfahren.
Sie haben die Propheten umgebracht,
und ihr baut ihnen Grabmäler.
49 Deshalb hat die Weisheit Gottes gesagt:
›Ich schicke Propheten und Apostel zu ihnen.
Einige von ihnen werden sie töten und verfolgen.‹
50 So wird diese Generation zur Rechenschaft gezogen:
für das Blut aller Propheten, das vergossen wurde
seit der Erschaffung der Welt –
51 angefangen bei Abel bis hin zu Secharja.
Der wurde im Hof des Tempels ermordet,
zwischen Altar und Tempelhaus.
Ja, ich sage euch:
Diese Generation wird dafür zur Rechenschaft gezogen!
52 Wehe euch, ihr Gesetzeslehrer!
Ihr habt den Schlüssel weggenommen,
der die Tür zur Erkenntnis aufschließt.
Ihr seid selbst nicht hineingegangen
und habt alle abgehalten, die hineingehen wollten.«

53 Jesus verließ das Haus des Pharisäers.
Die Schriftgelehrten und Pharisäer gerieten in Wut.
Sie bedrängten ihn hartnäckig mit immer neuen Fragen.
54 Denn sie warteten darauf,
aus seinem Mund etwas zu hören,
das sie gegen ihn verwenden konnten.

Worauf es in den letzten Tagen ankommt 12,1–13,35

Warnung vor Scheinheiligkeit

→ Matthäus 10,26-27

12 1 Inzwischen hatten sich
Tausende von Menschen versammelt.
Es waren so viele,
dass sie sich gegenseitig auf die Füße traten.
Da begann Jesus zu sprechen,
zuerst nur zu seinen Jüngern:
»Hütet euch vor dem Sauerteig der Pharisäer,
das heißt: vor ihrer Scheinheiligkeit!
2 Es gibt nichts Verborgenes, das nicht sichtbar wird,
und nichts Geheimes, das nicht bekannt wird.

3 Deshalb wird alles, was ihr im Dunkeln sagt,
am hellen Tag zu hören sein.
Und was ihr euch hinter verschlossenen Türen
ins Ohr flüstert, wird von den Dächern gerufen.«

Wen man fürchten muss

→ Matthäus 10,28-33

4 »Das sage ich euch, meine Freunde:
Habt keine Angst vor denen,
die nur den Körper töten können.
Darüber hinaus können sie euch nichts anhaben.
5 Ich will euch sagen,
vor wem ihr wirklich Angst haben sollt:
Habt Angst vor dem, der euch töten kann
und die Macht hat, euch dann in die Hölle zu werfen.
Ja, das sage ich euch:
Vor dem sollt ihr Angst haben!
6 Kann man nicht fünf Spatzen
für zwei Kupfermünzen kaufen?
Und doch übersieht Gott keinen einzigen von ihnen.
7 Aber bei euch ist sogar
jedes Haar auf dem Kopf gezählt!
Habt keine Angst!
Ihr seid mehr wert als ein ganzer Schwarm Spatzen.

8 Das sage ich euch:
Wer sich vor den Menschen zu mir bekennt,
zu dem wird sich auch der Menschensohn bekennen
vor den Engeln Gottes.
9 Wer mich aber vor den Menschen nicht kennen will,
den wird auch der Menschensohn nicht kennen
vor den Engeln Gottes.
10 Wer etwas gegen den Menschensohn sagt,
dem kann vergeben werden.
Wer aber den Heiligen Geist lästert,
dem kann nicht vergeben werden.
11 Wenn sie euch vor die Gerichte schleppen,
die in den Synagogen tagen,
oder vor die Behörden und Machthaber –
dann macht euch vorher keine Sorgen darüber,
wie ihr euch verteidigen oder was ihr sagen sollt.
12 Denn der Heilige Geist wird euch
in dem Augenblick eingeben, was ihr sagen müsst.«

Das Gleichnis vom reichen Grundbesitzer

13 Einer aus der Volksmenge sagte zu Jesus:
»Lehrer, sag doch meinem Bruder,
dass er das Erbe mit mir teilen soll.«

Kupfermünzen: Wörtlich »Assarion«. Der Assarion ist eine kleine römische Kupfermünze von geringem Wert.

Menschensohn: Bezeichnung, die zum Ausdruck bringt, dass Menschen Geschöpfe Gottes sind. Im Neuen Testament ein Titel für Jesus, der von Gott zum Herrscher und Retter der Welt bestimmt wurde.

lästert: Verächtliches Verhöhnen oder Verfluchen des Heiligen Geistes.

Heiliger Geist: Kraft, durch die Gott in der Welt wirkt.

Lehrer: Ehrenvolle Anrede für die Schriftgelehrten, die auch Jesus gegenüber gebraucht wurde.

Gleichnis: Erzählung, die ihre Botschaft in Bildern und Vergleichen vermittelt.

Jünger: Wörtlich »Schüler«. Frauen und Männer, die ihrem Lehrer folgten und von ihm lernten.

14 Aber Jesus antwortete:
»Guter Mann, wer hat mich zum Richter oder Vermittler
in eurem Erbstreit gemacht?«
15 Dann sagte Jesus zu allen:
»Gebt acht! Hütet euch vor jeder Art von Habgier.
Denn auch wenn jemand im Überfluss lebt,
so hängt sein Leben nicht von seinem Besitz ab.«

16 Dazu erzählte Jesus ihnen ein Gleichnis:
»Die Felder eines reichen Grundbesitzers
brachten eine besonders gute Ernte.
17 Da überlegte er: ›Was soll ich tun?
Ich habe nicht genug Platz, um meine Ernte zu lagern.‹
18 Schließlich sagte er sich: ›So will ich es machen:
Ich reiße meine Scheunen ab und baue größere.
Dort werde ich dann das ganze Getreide
und alle meine Vorräte lagern.
19 Dann kann ich mir sagen: Nun hast du riesige Vorräte,
die für viele Jahre reichen.
Gönn dir Ruhe. Iss, trink und genieße das Leben!‹
20 Aber Gott sagte zu ihm: ›Du Narr!
Noch in dieser Nacht werde ich
dein Leben von dir zurückfordern.
Wem gehört dann das, was du angesammelt hast?‹
21 So geht es dem, der für sich selbst Schätze anhäuft,
aber bei Gott nichts besitzt.«

Worum man sich sorgen soll

→ Matthäus 6,25-34

22 Dann sagte Jesus zu seinen Jüngern:
»Darum sage ich euch:
Macht euch keine Sorgen um euer Leben –
was ihr essen sollt,
oder um euren Körper –
was ihr anziehen sollt.
23 Denn das Leben ist mehr als Essen und Trinken.
Und der Körper ist mehr als Kleidung.
24 Seht euch die Raben an:
Sie säen nicht, sie ernten nicht,
sie haben keine Vorratskammer oder Scheune.
Trotzdem ernährt Gott sie.
Wie viel mehr seid ihr wert als die Vögel!
25 Wer von euch kann dadurch,
dass er sich Sorgen macht,
sein Leben nur um eine Stunde verlängern?
26 Nicht einmal so eine Kleinigkeit bringt ihr fertig.
Warum macht ihr euch Sorgen
um all die anderen Dinge?

27 Seht euch die Blumen an:
Sie wachsen, ohne zu arbeiten
und ohne sich Kleider zu machen.
Ich sage euch:
Nicht einmal Salomo in all seiner Herrlichkeit
war so schön gekleidet wie eine von ihnen.
28 So schön macht Gott die Wiesenblumen.
Dabei gehen sie an einem Tag auf
und werden am nächsten Tag im Ofen verbrannt.
Wird er sich dann nicht viel mehr um euch kümmern?
Ihr habt zu wenig Vertrauen!

29 Macht euch keine Gedanken darüber,
was ihr essen und trinken sollt.
Lasst euch davon nicht beunruhigen.
30 Um all diese Dinge
dreht sich das Leben bei den Völkern der Welt.
Euer Vater weiß doch, dass ihr das braucht.
31 Strebt vielmehr nach seinem Reich –
dann wird Gott euch auch das alles schenken.
32 Hab keine Angst, du kleine Herde!
Denn euer Vater hat beschlossen,
euch sein Reich zu schenken.«

Wo man Schätze sammeln soll

→Matthäus 6,19-21

33 »Verkauft euren Besitz, und gebt das Geld den Armen!
Legt euch Geldbeutel zu, die keine Löcher bekommen.
Sammelt euch einen Schatz im Himmel,
der nie aufgebraucht werden kann.
Dort kann kein Dieb an ihn herankommen
und keine Motte ihn zerfressen.
34 Denn wo euer Schatz ist, da wird auch euer Herz sein.«

Von den Dienern, die wach bleiben

→Matthäus 24,43-44; Markus 13,33-37

35 »Haltet euch bereit
und sorgt dafür, dass eure Öllampen brennen!
36 Seid wie Leute, die darauf warten,
dass ihr Herr von einem Hochzeitsfest zurückkehrt.
Wenn er dann kommt und anklopft,
können sie ihm sofort aufmachen.
37 Glückselig sind die Diener,
die der Herr wach vorfindet, wenn er nach Hause kommt!
Amen, das sage ich euch:
Er wird sich eine Schürze umbinden
und sie zu Tisch bitten.
Dann wird er hinzutreten und sie bewirten.

Salomo: Einer der berühmtesten Könige von Israel, der etwa 970–930 v. Chr. regierte.

im Ofen verbrannt: Die ärmere Bevölkerung mähte die Wiesen und nutzte das getrocknete Gras als Brennmaterial.

sein Reich: Bezeichnet den Herrschaftsbereich, in dem sich Gottes Wille durchsetzt.

Öllampe: Lampe, in der mit einem Docht Öl verbrannt wurde. Sie war lange Zeit die wichtigste künstliche Lichtquelle.

Amen: Das hebräische Wort bedeutet »So ist es! / So soll es sein!«

Nachtwache: Nach römischem Brauch wurde die Zeit zwischen Einbruch der Dunkelheit und dem folgenden Morgen in vier Nachtwachen aufgeteilt. Die dritte erstreckte sich von etwa 0 bis 3 Uhr.

Menschensohn: Bezeichnung, die zum Ausdruck bringt, dass Menschen Geschöpfe Gottes sind. Im Neuen Testament ein Titel für Jesus, der von Gott zum Herrscher und Retter der Welt bestimmt wurde.

Gleichnis: Erzählung, die ihre Botschaft in Bildern und Vergleichen vermittelt.

kluger Verwalter: Bild für einen Menschen, der sich in der Zeit, bevor Christus wiederkommt, für andere einsetzt und so dem Reich Gottes dient.

38 Aber vielleicht kommt der Herr
erst in der zweiten oder dritten Nachtwache.
Wenn er dann seine Diener wach vorfindet,
gilt erst recht: Glückselig sind sie!
39 Macht euch bewusst: Wenn der Hausherr wüsste,
zu welcher Stunde der Dieb kommt –
er würde es nicht zulassen,
dass in sein Haus eingebrochen wird.
40 Und auch ihr sollt jederzeit bereit sein.
Denn der Menschensohn kommt zu einer Stunde,
in der ihr ihn nicht erwartet.«

Der zuverlässige Diener

→ Matthäus 24,45-51

41 Da fragte Petrus:
»Herr, gilt dieses Gleichnis nur für uns
oder auch für alle anderen?«
42 Der Herr antwortete:
»Wer ist denn der zuverlässige und kluge Verwalter?
Ihm wird sein Herr den Auftrag geben,
die übrigen Diener zu beaufsichtigen.
Außerdem soll er ihnen zur rechten Zeit
die tägliche Verpflegung austeilen.
43 Glückselig ist er,
wenn der Herr bei seiner Rückkehr sieht,
dass er seinen Auftrag gewissenhaft erfüllt.
44 Wirklich, das sage ich euch:
Der Herr wird ihm die Verantwortung
für seinen ganzen Besitz übertragen.

45 Vielleicht sagt sich aber der Diener:
›Mein Herr kommt noch lange nicht zurück!‹
Er fängt an,
die anderen Diener und Dienerinnen zu schlagen,
maßlos zu essen und sich zu betrinken.
46 Dann kommt sein Herr zurück.
Er kommt an einem Tag,
an dem der Diener es nicht erwartet –
und zu einer Stunde, in der er nicht damit rechnet.
Der Herr wird ihn in Stücke hauen
und dorthin bringen lassen,
wo die Treulosen bestraft werden.

47 Der Diener kannte den Auftrag seines Herrn.
Aber er kümmerte sich nicht darum
und führte ihn nicht aus.
Deshalb wird er hart bestraft werden.

[48] Im Gegensatz dazu gilt für einen Diener,
der den Auftrag seines Herrn nicht kannte:
Wenn er etwas getan hat, das Strafe verdient,
wird er weniger hart bestraft werden.
Wem viel gegeben wurde,
von dem wird viel verlangt.
Und wem viel anvertraut wurde,
von dem wird umso mehr gefordert.«

taufen: Wörtlich »(in Wasser) eintauchen«. Hier Bild für den Leidensweg von Jesus, der in seiner Kreuzigung endet.

Nachfolge im Leiden

→ Matthäus 10,34-36

[49] »Ich bin gekommen,
um auf der Erde ein Feuer zu entzünden.
Und ich wäre froh, wenn es schon brennen würde!
[50] Aber zuvor muss ich mich taufen lassen –
mit einer Taufe, die mich schwer bedrückt,
bis sie vollzogen ist!
[51] Meint ihr, dass ich gekommen bin,
um Frieden auf die Erde zu bringen?
Nein, sage ich euch, sondern Streit.
[52] Denn so wird es von nun an sein:
Wenn fünf Menschen in einer Familie leben,
dann werden sich drei gegen zwei stellen
und zwei gegen drei.
[53] Alle werden im Streit liegen:
der Vater mit dem Sohn
und der Sohn mit dem Vater;
die Mutter mit der Tochter
und die Tochter mit der Mutter;
die Schwiegermutter mit ihrer Schwiegertochter
und die Schwiegertochter mit der Schwiegermutter.«

Letzte Gelegenheit, sein Leben in Ordnung zu bringen

→ Matthäus 5,24-26; 16,2-3

[54] Dann sagte Jesus zu den Leuten:
»Wenn ihr seht, dass im Westen eine Wolke aufzieht,
sagt ihr gleich: ›Es gibt Regen.‹
Und so kommt es auch.
[55] Und wenn der Südwind weht, sagt ihr:
›Es wird heiß.‹ Und so kommt es auch.
[56] Ihr Scheinheiligen!
Das Aussehen von Erde und Himmel
könnt ihr einschätzen.
Wieso könnt ihr die Ereignisse dieser Zeit
nicht genauso gut einschätzen?
[57] Könnt ihr denn nicht von selbst erkennen,
was Gott jetzt von euch will?

Pontius Pilatus: Verwaltete 26–36 n. Chr. die römischen Provinzen Judäa und Samaria im Auftrag des Kaisers.

Tempel: Das zentrale Heiligtum in Jerusalem. Der Tempel galt als Wohnung Gottes und war Zufluchtsort für Verfolgte.

Schuld: Konkrete Verfehlungen, die von Gott trennen und das Gewissen belasten können.

Schiloach: Teichanlage südlich des Jerusalemer Tempels innerhalb der Stadtbefestigung. Offenbar war einer der Türme der nahen Stadtmauer eingestürzt.

Gleichnis: Erzählung, die ihre Botschaft in Bildern und Vergleichen vermittelt.

58 Wenn einer mit dir vor Gericht zieht,
weil du ihm etwas schuldest:
Dann gib dir Mühe,
dich noch unterwegs mit ihm zu einigen.
Sonst schleppt er dich vor den Richter,
und der übergibt dich dem Gerichtsdiener.
Und der Gerichtsdiener wirft dich dann ins Gefängnis.
59 Das sage ich dir:
Du wirst dort nicht wieder herauskommen,
bis du die letzte kleine Münze zurückbezahlt hast.«

Die getöteten Männer aus Galiläa und das Unglück am Teich Schiloach

13 1 Einige von den Anwesenden ergriffen die Gelegenheit
und erzählten Jesus von Männern aus Galiläa:
»Pilatus ließ sie töten,
als sie im Tempel Opfer darbrachten.
Ihr Blut vermischte sich mit dem der Opfertiere.«
2 Jesus sagte zu ihnen: »Meint ihr etwa,
diese Männer hatten größere Schuld auf sich geladen
als alle anderen in Galiläa?
Und das wäre der Grund,
warum sie einen so schrecklichen Tod erlitten haben?
3 Bestimmt nicht!
Das sage ich euch: Wenn ihr euer Leben nicht ändert,
werdet ihr alle genauso umkommen.

4 Oder denkt an die achtzehn Menschen,
die getötet wurden,
als der Turm bei Schiloach einstürzte.
Meint ihr etwa,
sie hatten größere Schuld auf sich geladen
als alle anderen Einwohner Jerusalems?
5 Bestimmt nicht!
Das sage ich euch: Wenn ihr euer Leben nicht ändert,
werdet ihr alle genauso umkommen.«

Eine Gnadenfrist für den Feigenbaum

6 Dann erzählte Jesus den Leuten dieses Gleichnis:
»Ein Mann hatte in seinem Weinberg
einen Feigenbaum gepflanzt.
Er kam und schaute nach, ob Früchte daran waren –
aber er fand keine.
7 Da sagte er zu seinem Weingärtner:
›Seit drei Jahren komme ich schon und schaue nach,
ob an diesem Feigenbaum Früchte sind –
aber ich finde keine.

Jetzt hau ihn um!
Wozu soll er dem Boden noch weiter
seine Kraft nehmen?‹
8 Aber der Weingärtner antwortete:
›Herr, lass ihn noch dieses Jahr stehen.
Ich will die Erde um ihn herum
noch einmal umgraben und düngen.
9 Vielleicht trägt der Baum im nächsten Jahr
doch noch Früchte.
Wenn nicht, hau ihn dann um.‹«

Jesus heilt eine Frau am Sabbat

10 Als Jesus einmal am Sabbat
in einer der Synagogen lehrte,
11 war dort eine Frau.
Seit achtzehn Jahren wurde sie von einem Geist geplagt,
der sie krank machte.
Sie war verkrümmt
und konnte sich nicht mehr gerade aufrichten.
12 Als Jesus sie sah, rief er sie zu sich
und sagte zu ihr:
»Frau, du bist von deiner Krankheit befreit!«
13 Und er legte ihr die Hände auf.
Sofort richtete sie sich auf und lobte Gott.

14 Aber der Leiter der Synagoge ärgerte sich darüber,
dass Jesus die Frau an einem Sabbat heilte.
Deshalb sagte er zu der Volksmenge:
»Es gibt sechs Tage, die zum Arbeiten da sind.
Also kommt an einem dieser Tage,
um euch heilen zu lassen –
und nicht am Sabbat!«
15 Doch der Herr sagte zu ihm:
»Ihr Scheinheiligen!
Bindet nicht jeder von euch am Sabbat
seinen Ochsen oder Esel von der Futterkrippe los
und führt ihn zur Tränke?
16 Aber diese Frau hier,
die doch eine Tochter Abrahams ist,
hielt der Satan gefesselt –
volle achtzehn Jahre lang!
Und sie darf am Sabbat
nicht von dieser Fessel befreit werden?«
17 Als Jesus das sagte,
schämten sich alle seine Gegner.
Doch die ganze Volksmenge freute sich
über die wunderbaren Taten, die Jesus vollbrachte.

Sabbat: In der Bibel der siebte Tag der Woche, heute unser Samstag. Er gilt im Judentum als Feiertag, an dem nicht gearbeitet werden darf.

Geist: Eine böse Macht, die man sich als Person vorstellte. Sie kämpft gegen Gott und nimmt einen Menschen völlig in Besitz.

Synagogenleiter: War für alle Angelegenheiten einer Synagoge, der Versammlungsstätte jüdischer Gemeinden, zuständig.

Tochter Abrahams: Ausdruck für die Zugehörigkeit der Frau zum Volk Israel, als dessen Stammvater Abraham gilt.

Satan, Teufel: Gegenspieler Gottes. Er versucht, die Menschen zu einem Verhalten zu bewegen, das Gottes Willen widerspricht.

Reich Gottes: Wörtlich »Königsherrschaft Gottes«. Bezeichnet den Herrschaftsbereich, in dem sich Gottes Wille durchsetzt.

Senfkorn: Ein Senfkorn hat einen Durchmesser von 1–2 mm.

Sauerteig: Brotteig, bei dem eine kleine Menge gegorener Teig zum neuen Teig gegeben wird. Dadurch geht der Teig auf und wird locker.

Abraham, Isaak, Jakob: Stehen zusammenfassend für die Anfänge Israels, wie sie in 1. Mose/Genesis 12–50 erzählt werden.

Das Gleichnis vom Senfkorn und vom Sauerteig

→Matthäus 13,31-33; Markus 4,30-32

18 Dann sagte Jesus: »Wie ist es mit dem Reich Gottes?
Womit soll ich es vergleichen?
19 Es gleicht einem Senfkorn:
Ein Mann nahm es und säte es in seinem Garten ein.
Es ging auf und wurde zu einem Baum.
Und die Vögel bauten ihr Nest in seinen Zweigen.«

20 Noch einmal fragte Jesus:
»Womit soll ich das Reich Gottes vergleichen?
21 Es gleicht einem Sauerteig:
Eine Frau mengte ihn unter drei Säckchen Mehl.
Am Ende war der ganze Teig durchsäuert.«

Die enge Tür – die verschlossene Tür

→Matthäus 7,13-14; 7,21-24; 8,11-12

22 Jesus setzte seinen Weg nach Jerusalem fort.
Er zog von Stadt zu Stadt und von Dorf zu Dorf.
Überall lehrte er die Menschen.
23 Einmal fragte ihn jemand:
»Herr, werden nur wenige gerettet?«
Da sagte Jesus zu den Leuten:
24 »Ihr müsst euch anstrengen,
um durch die enge Tür hineinzukommen.
Das sage ich euch:
Viele werden hineinwollen, es aber nicht schaffen.

25 Wenn der Hausherr aufsteht und die Tür verschließt,
dann werdet ihr draußen stehen.
Dort werdet ihr an die Tür klopfen und rufen:
›Herr, mach uns auf!‹
Aber er wird euch antworten:
›Ich kenne euch nicht. Wo kommt ihr her?‹
26 Dann werdet ihr sicher sagen:
›Wir haben doch mit dir gegessen und getrunken!
Du hast auf den Straßen unserer Stadt gelehrt.‹
27 Aber der Hausherr wird euch antworten:
›Ich kenne euch nicht. Wo kommt ihr her?
Macht, dass ihr alle fortkommt!
Ihr alle tut, was gegen Gottes Willen ist!‹
28 Da draußen gibt es nur Heulen und Zähneklappern!
Denn ihr werdet alle im Reich Gottes sehen:
Abraham, Isaak, Jakob
und sämtliche Propheten.
Aber ihr selbst werdet ausgeschlossen sein.
29 Viele werden kommen
aus Ost und West und aus Nord und Süd.

Sie werden im Reich Gottes zu Tisch liegen.
30 Ihr werdet sehen:
Die jetzt bei den Letzten sind,
werden dann die Ersten sein.
Und die jetzt bei den Ersten sind,
werden dann die Letzten sein.«

Jesus muss bis nach Jerusalem kommen

31 Zur selben Zeit kamen einige Pharisäer
und warnten Jesus: »Geh weg und zieh fort von hier!
Denn Herodes will dich töten lassen.«
32 Jesus sagte zu ihnen:
»Geht und sagt diesem Fuchs:
›Ich treibe Dämonen aus und heile Kranke –
heute und morgen.
Und am dritten Tag werde ich am Ziel sein.‹
33 Doch heute, morgen und übermorgen
muss ich meinen Weg fortsetzen.
Denn es ist unmöglich,
dass ein Prophet außerhalb von Jerusalem
ums Leben kommt.«

Jesus klagt über Jerusalem

→ Matthäus 23,37-39

34 »Jerusalem, Jerusalem!
Du tötest die Propheten
und steinigst die Boten, die Gott zu dir sendet.
Wie oft wollte ich deine Kinder um mich versammeln –
wie eine Henne ihre Küken
unter ihren Flügeln beschützt.
Aber ihr habt nicht gewollt.
35 Seht euch vor: Euer Tempel wird von Gott verlassen.
Das sage ich euch:
Ihr werdet mich nicht mehr sehen,
bis ihr einst ausruft:
›Gesegnet ist, wer im Namen des Herrn kommt!‹«

Jesus lehrt beim Gastmahl eines Pharisäers

14,1-24

Jesus heilt am Sabbat einen wassersüchtigen Mann

14 1 Einmal ging Jesus an einem Sabbat
in das Haus eines der führenden Pharisäer.
Dort nahm er am Mahl teil.
Alle beobachteten ihn genau.
2 Da war ein Mann in seiner Nähe,
der an Wassersucht litt.

zu Tisch liegen: Bei festlichen Anlässen war es in der griechisch-römischen Welt üblich, beim Essen zu liegen.

Herodes Antipas: Sohn von Herodes dem Großen und Herrscher über Galiläa und Peräa (4 v. Chr.–39 n. Chr.).

Dämon: Eine böse Macht, die man sich in der Antike als Person vorstellte. Sie kämpft gegen Gott und nimmt einen Menschen ganz in Besitz.

dritter Tag: Anspielung auf die Auferstehung von Jesus drei Tage nach seinem Tod.

Jerusalem: Das religiöse und kulturelle Zentrum des Landes steht hier stellvertretend für die religiösen Führer und Leitungsgremien.

Herr: Bezeichnung für Gott. Das griechische Alte Testament verwendet das Wort »Herr« an den Stellen, an denen im hebräischen Text der Gottesname steht.

Sabbat: In der Bibel der siebte Tag der Woche, heute unser Samstag. Er gilt im Judentum als Feiertag, an dem nicht gearbeitet werden darf.

Pharisäer: Angehöriger einer jüdischen Glaubensgruppe, die die biblischen Vorschriften und Gesetze sehr streng auslegte.

Wassersucht: Krankheit, bei der es zur Einlagerung von Flüssigkeit im Körper kommt.

Gesetzeslehrer: Menschen, deren Aufgabe das Studium und die Auslegung der Lebensvorschriften des Alten Testaments war, vor allem der fünf Bücher Mose.

Ehrenplatz: Platz in der Nähe des Gastgebers.

3 Jesus wandte sich an die Gesetzeslehrer und Pharisäer
und fragte: »Ist es erlaubt,
am Sabbat zu heilen, oder nicht?«
4 Sie aber schwiegen.
Da berührte Jesus den Kranken,
heilte ihn und ließ ihn gehen.
5 Dann sagte er zu ihnen:
»Wenn einem von euch ein Kind
in den Brunnen fällt oder nur ein Rind:
Wer wird es nicht sofort herausziehen –
auch wenn Sabbat ist?«
6 Sie wussten nicht, was sie darauf antworten sollten.

Den richtigen Platz finden

7 Jesus beobachtete,
wie sich die Gäste die Ehrenplätze am Tisch aussuchten.
Da erzählte er ihnen ein Gleichnis:
8 »Wenn du zu einer Hochzeit eingeladen bist,
such dir nicht den Ehrenplatz aus.
Denn es könnte ein Gast eingeladen sein,
der vornehmer ist als du.
9 Sonst wird euer Gastgeber kommen und dir sagen:
›Mach ihm bitte Platz!‹
Dann musst du beschämt
auf den entferntesten Platz wechseln.
10 Nein! Wenn du eingeladen bist,
geh hin und wähle den entferntesten Platz.
Dann wird der Gastgeber kommen und zu dir sagen:
›Lieber Freund, rück doch näher zu mir.‹
So wirst du vor allen anderen Gästen geehrt.
11 Denn wer sich selbst groß macht,
den wird Gott niedrig und klein machen.
Aber wer sich selbst niedrig und klein macht,
den wird Gott groß machen.«

Die richtigen Gäste einladen

12 Dann sagte Jesus zu dem Gastgeber:
»Wenn du ein Mittag- oder Abendessen gibst,
lade keine Leute ein, die wiederum dich einladen –
deine Freunde, deine Brüder,
deine Verwandten oder reichen Nachbarn.
Sonst ist deren Einladung dein ganzer Lohn.
13 Wenn du zu einem Mahl einlädst,
lade vielmehr Arme, Verkrüppelte,
Gelähmte und Blinde ein.
14 Glückselig wirst du sein,
denn sie können dir nichts zurückgeben!

Du wirst aber deinen Lohn bekommen,
wenn Gott die Gerechten vom Tod auferweckt.«

Das Gleichnis vom großen Festmahl

→Matthäus 22,1-10

15 Als einer der Gäste das hörte, sagte er zu Jesus:
»Glückselig ist,
wer im Reich Gottes am Mahl teilnehmen darf!«
16 Jesus antwortete:
»Ein Mann veranstaltete ein großes Festessen
und lud viele Gäste ein.
17 Als das Fest beginnen sollte,
schickte er seinen Diener los
und ließ den Gästen sagen:
›Kommt, jetzt ist alles bereit!‹
18 Aber einer nach dem anderen entschuldigte sich.
Der erste sagte zu ihm: ›Ich habe einen Acker gekauft.
Jetzt muss ich unbedingt gehen und ihn begutachten.
Bitte, entschuldige mich!‹
19 Ein anderer sagte:
›Ich habe fünf Ochsengespanne gekauft
und bin gerade unterwegs,
um sie genauer zu prüfen.
Bitte, entschuldige mich!‹
20 Und wieder ein anderer sagte:
›Ich habe gerade erst geheiratet
und kann deshalb nicht kommen.‹

21 Der Diener kam zurück
und berichtete alles seinem Herrn.
Da wurde der Hausherr zornig
und sagte zu seinem Diener:
›Lauf schnell hinaus
auf die Straßen und Gassen der Stadt.
Bring die Armen, Verkrüppelten, Blinden
und Gelähmten hierher.‹
22 Bald darauf meldete der Diener:
›Herr, dein Befehl ist ausgeführt,
aber es ist immer noch Platz.‹
23 Da sagte der Herr zu ihm:
›Geh hinaus aus der Stadt
auf die Landstraßen und an die Zäune.
Dränge die Leute dort herzukommen,
damit mein Haus voll wird!‹
24 Denn das sage ich euch:
Keiner der Gäste, die zuerst eingeladen waren,
wird an meinem Festessen teilnehmen!«

Gerechte: Menschen, die Gottes Gebote befolgen, sodass das Leben in Gemeinschaft miteinander gelingt.

Reich Gottes: Wörtlich »Königsherrschaft Gottes«. Bezeichnet den Herrschaftsbereich, in dem sich Gottes Wille durchsetzt.

Ochsengespanne: Ochsen, die paarweise als Zugtiere vor einen Wagen gespannt werden.

Jünger: Wörtlich »Schüler«. Frauen und Männer, die ihrem Lehrer folgten und von ihm lernten.

folgen: Jesus zu folgen bedeutet, das Leben ganz in seinen Dienst zu stellen.

Salz: Wurde zum Haltbarmachen von Lebensmitteln verwendet und war kostbar.

Jesus lehrt unterwegs 14,25–17,10

Was Jesus von denen verlangt, die ihm folgen wollen

→Matthäus 10,37-38

25 Viele Leute begleiteten Jesus auf seinem Weg.
Da drehte er sich um und sagte zu ihnen:
26 »Wer zu mir kommt,
dem muss alles andere unwichtig werden:
sein Vater und seine Mutter, Frau und Kinder,
Brüder und Schwestern, ja sogar das eigene Leben:
Sonst kann er nicht mein Jünger sein.
27 Wer nicht sein Kreuz trägt
und mir auf meinem Weg folgt,
kann nicht mein Jünger sein.

28 Stellt euch vor:
Einer von euch will einen Turm bauen.
Setzt er sich dann nicht als Erstes hin,
berechnet die Kosten und prüft, ob sein Geld reicht?
29 Sonst passiert es, dass er das Fundament legt,
aber den Bau nicht fertigstellen kann.
Alle, die das sehen, lachen ihn aus
30 und sagen:
›Dieser Mensch wollte einen Turm bauen –
aber er konnte ihn nicht fertigstellen.‹

31 Oder stellt euch vor:
Ein König will gegen einen anderen König
in den Krieg ziehen.
Setzt er sich dann nicht als Erstes hin und überlegt:
Sind zehntausend Mann stark genug,
um gegen einen Feind anzutreten,
der mit zwanzigtausend Mann anrückt?
32 Wenn nicht, dann schickt er besser Unterhändler,
solange der Gegner noch weit weg ist.
Die sollen Friedensverhandlungen führen.
33 So gilt auch: Wer von euch nicht alles aufgibt, was er hat,
der kann nicht mein Jünger sein.«

Von der Kraft des Salzes

→Matthäus 5,13; Markus 9,50

34 »Salz ist etwas Gutes:
Aber wenn das Salz nicht mehr salzt,
wie kann es wieder salzig werden?
35 Es ist weder für den Acker
noch für den Misthaufen zu gebrauchen.
Also wirft man es weg.
Wer Ohren zum Hören hat, soll gut zuhören!«

Das Gleichnis vom verlorenen Schaf

→ Matthäus 18,12-14

15 1 Alle Zolleinnehmer und andere Leute,
die als Sünder galten,
kamen zu Jesus, um ihm zuzuhören.
2 Die Pharisäer und Schriftgelehrten
ärgerten sich darüber.
Sie sagten: »Mit solchen Menschen gibt er sich ab
und isst sogar mit ihnen!«
3 Da erzählte ihnen Jesus dieses Gleichnis:
4 »Was meint ihr: Einer von euch hat hundert Schafe
und verliert eines davon.
Wird er dann nicht die neunundneunzig Schafe
in der Wüste zurücklassen?
Wird er nicht das verlorene Schaf suchen,
bis er es findet?
5 Wenn er es gefunden hat, freut er sich sehr.
Er nimmt es auf seine Schultern
6 und trägt es nach Hause.
Dann ruft er seine Freunde und Nachbarn zusammen
und sagt zu ihnen: ›Freut euch mit mir!
Ich habe das Schaf wiedergefunden,
das ich verloren hatte.‹
7 Das sage ich euch:
Genauso freut sich Gott im Himmel
über einen Sünder, der sein Leben ändert.
Er freut sich mehr als über neunundneunzig Gerechte,
die es nicht nötig haben, ihr Leben zu ändern.«

Das Gleichnis vom verlorenen Geldstück

8 »Oder wie ist es, wenn eine Frau zehn Silbermünzen hat
und eine davon verliert?
Wird sie da nicht eine Öllampe anzünden,
das Haus fegen und in allen Ecken suchen –
solange, bis sie das Geldstück findet?
9 Und wenn sie es gefunden hat,
ruft sie ihre Freundinnen und Nachbarinnen zusammen
und sagt: ›Freut euch mit mir!
Ich habe die Silbermünze wiedergefunden,
die ich verloren hatte.‹
10 Das sage ich euch:
Genauso freuen sich die Engel Gottes
über einen Sünder, der sein Leben ändert.«

Das Gleichnis vom Vater und seinen beiden Söhnen

11 Jesus erzählte weiter: »Ein Mann hatte zwei Söhne.
12 Der jüngere sagte zum Vater:
›Vater, gib mir meinen Anteil am Erbe!‹

Zolleinnehmer: Beamte, die im Namen des römischen Staats Zoll erhoben. Sie bekamen keinen Lohn vom Staat, sondern lebten von dem Geld, das sie auf die festgesetzten Steuern aufschlugen. Deshalb hatten sie ein schlechtes Ansehen.

Pharisäer: Angehöriger einer jüdischen Glaubensgruppe, die die biblischen Vorschriften und Gesetze sehr streng auslegte.

Schriftgelehrte: Menschen, deren Aufgabe das Studium und die Auslegung der Heiligen Schrift ist.

Gleichnis: Erzählung, die ihre Botschaft in Bildern und Vergleichen vermittelt.

Sünder: Menschen, die sich von Gott abgewendet haben und seinen Willen missachten.

Gerechte: Menschen, die Gottes Gebote befolgen, sodass das Leben in Gemeinschaft miteinander gelingt.

Öllampe: Lampe, in der mit einem Docht Öl verbrannt wurde. Sie war lange Zeit die wichtigste künstliche Lichtquelle.

Schuld: Konkrete Verfehlungen, die von Gott trennen und das Gewissen belasten können.

Gewand: Prächtiges, verziertes, langärmeliges Obergewand, das vor allem wohlhabende Leute anstelle des einfachen Hemdes trugen.

Ring: Der Siegelring gibt dem Träger die Vollmacht über die Finanzgeschäfte. Der Vater will seinen Sohn wieder in die Familie aufnehmen.

Da teilte der Vater seinen Besitz unter den Söhnen auf.
13 Ein paar Tage später
machte der jüngere Sohn seinen Anteil zu Geld.
Dann zog er in ein fernes Land.
Dort führte er ein verschwenderisches Leben
und verschleuderte sein ganzes Vermögen.
14 Als er alles ausgegeben hatte,
brach in dem Land eine große Hungersnot aus.
Auch er begann zu hungern.
15 Da bat er einen der Einwohner des Landes um Hilfe.
Der schickte ihn aufs Feld zum Schweinehüten.
16 Er wollte seinen Hunger mit dem Schweinefutter stillen,
das die Schweine fraßen.
Aber er bekam nichts davon.
17 Da ging der Sohn in sich und dachte:
›Wie viele Arbeiter hat mein Vater,
und sie alle haben mehr als genug Brot.
Aber ich komme hier vor Hunger um.
18 Ich will zu meinem Vater gehen und zu ihm sagen:
Vater, ich bin vor Gott und vor dir schuldig geworden.
19 Ich bin es nicht mehr wert,
dein Sohn genannt zu werden.
Nimm mich als Arbeiter in deinen Dienst.‹
20 So machte er sich auf den Weg zu seinem Vater.

Sein Vater sah ihn schon von Weitem kommen
und hatte Mitleid mit ihm.
Er lief seinem Sohn entgegen,
fiel ihm um den Hals und küsste ihn.
21 Aber sein Sohn sagte zu ihm:
›Vater, ich bin vor Gott und vor dir schuldig geworden.
Ich bin es nicht mehr wert,
dein Sohn genannt zu werden.‹
22 Doch der Vater befahl seinen Dienern:
›Holt schnell das schönste Gewand aus dem Haus
und zieht es ihm an.
Steckt ihm einen Ring an den Finger
und bringt ihm Sandalen für die Füße.
23 Dann holt das gemästete Kalb her und schlachtet es:
Wir wollen essen und feiern!
24 Denn mein Sohn hier war tot und ist wieder lebendig.
Er war verloren und ist wiedergefunden.‹
Und sie begannen zu feiern.

25 Der ältere Sohn war noch auf dem Feld.
Als er zurückkam und sich dem Haus näherte,
hörte er Musik und Tanz.
26 Er rief einen der Diener zu sich und fragte:

›Was ist denn da los?‹
27 Der antwortete: ›Dein Bruder ist zurückgekommen!
Dein Vater hat das gemästete Kalb schlachten lassen,
weil er ihn gesund wiederhat.‹
28 Da wurde der ältere Sohn zornig.
Er wollte nicht ins Haus gehen.
Doch sein Vater kam zu ihm heraus
und redete ihm gut zu.
29 Aber er sagte zu seinem Vater:
›So viele Jahre arbeite ich jetzt schon für dich!
Nie war ich dir ungehorsam.
Aber mir hast du noch nie
einen Ziegenbock geschenkt,
damit ich mit meinen Freunden feiern konnte.
30 Aber der da, dein Sohn,
hat dein Vermögen mit Huren vergeudet.
Jetzt kommt er nach Hause,
und du lässt gleich das gemästete Kalb
für ihn schlachten.‹
31 Da sagte der Vater zu ihm:
›Mein lieber Junge, du bist immer bei mir.
Und alles, was mir gehört, gehört dir.
32 Aber jetzt mussten wir doch feiern und uns freuen:
Denn dein Bruder hier war tot und ist wieder lebendig.
Er war verloren und ist wiedergefunden.‹«

Vom schlauen Umgang mit Geld

16 1 Dann sagte Jesus zu den Jüngern:
»Ein reicher Mann hatte einen Verwalter.
Den beschuldigte man,
das ihm anvertraute Vermögen zu verschleudern.
2 Deshalb rief der Mann den Verwalter zu sich
und sagte zu ihm: ›Was muss ich über dich hören?
Leg deine Abrechnung vor!
Du kannst nicht länger mein Verwalter sein.‹

3 Da überlegte der Verwalter:
›Was soll ich nur tun?
Mein Herr entzieht mir die Verwaltung.
Für schwere Arbeit bin ich nicht geeignet.
Und ich schäme mich, betteln zu gehen.
4 Aber ich weiß, was ich tun muss,
damit mich die Leute in ihre Häuser aufnehmen –
dann, wenn ich als Verwalter abgesetzt bin.‹
5 Und er rief alle einzeln zu sich,
die bei seinem Herrn Schulden hatten.
Er fragte den Ersten:
›Wie viel schuldest du meinem Herrn?‹

Jünger: Wörtlich »Schüler«. Frauen und Männer, die ihrem Lehrer folgten und von ihm lernten.

Herr: Anrede und Bezeichnung für Jesus.

schlau handeln: Das Lob gilt der Entschlossenheit, mit der der Verwalter seine Situation verbessern will. So entschlossen sollen sich auch alle, die Jesus nachfolgen, für das Reich Gottes einsetzen.

Kinder des Lichts: Bezeichnung für die Jünger von Jesus und die Angehörigen der frühen Gemeinden.

euer Eigentum: Bild für den Anteil am Reich Gottes, der denen geschenkt wird, die an Jesus Christus glauben.

Pharisäer: Angehöriger einer jüdischen Glaubensgruppe, die die biblischen Vorschriften und Gesetze sehr streng auslegte.

6 Der antwortete: ›Hundert Fässer Olivenöl.‹
Da sagte der Verwalter zu ihm:
›Hier ist dein Schuldschein.
Setz dich hin und schreib schnell fünfzig!‹
7 Dann fragte er einen anderen:
›Und du, wie viel bist du schuldig?‹
Er antwortete: ›Hundert Sack Weizen.‹
Der Verwalter sagte:
›Hier ist dein Schuldschein, schreib achtzig!‹«

8 Der Herr lobte den betrügerischen Verwalter,
weil er so schlau gehandelt hatte:
»Die Kinder dieser Welt
sind schlauer im Umgang mit ihren Mitmenschen
als die Kinder des Lichts.
9 Ich sage euch: Nutzt das Geld,
an dem so viel Unrecht haftet,
um euch Freunde zu machen!
Dann werdet ihr in die ewigen Wohnungen aufgenommen,
wenn diese Welt zu Ende geht.«

Vom zuverlässigen Umgang mit Geld

→ Matthäus 6,24

10 »Wer in den kleinsten Dingen zuverlässig ist,
ist es auch in den großen.
Und wer in den kleinsten Dingen unzuverlässig ist,
ist es auch in den großen.
11 Wenn ihr mit dem Geld,
an dem so viel Unrecht haftet,
nicht zuverlässig umgeht –
wer wird euch dann das wirklich Wertvolle anvertrauen?
12 Und wenn ihr mit dem nicht zuverlässig umgeht,
was euch gar nicht gehört –
wer wird euch dann schenken,
was eigentlich euer Eigentum ist?

13 Kein Diener kann gleichzeitig zwei Herren dienen!
Entweder wird er den einen hassen
und den anderen lieben.
Oder er wird dem einen treu sein
und den anderen verachten.
Ihr könnt nicht gleichzeitig Gott
und dem Geld dienen.«

Der Spott der geldgierigen Pharisäer

14 Das alles hörten die Pharisäer.
Sie waren geldgierig und lachten Jesus aus.
15 Jesus sagte zu ihnen:

»Vor den Menschen tut ihr so,
als ob ihr vor Gott gerecht lebt.
Aber Gott kennt eure Herzen!
Was bei den Menschen Eindruck macht,
das verabscheut Gott.«

Von der Gültigkeit des Gesetzes und von der Ehe

→Matthäus 5,17-18; Markus 10,11-12

16 »Das Gesetz und die Propheten galten bis zu Johannes.
Seitdem wird die Gute Nachricht
vom Reich Gottes verkündet – und alle drängen hinein.
17 Aber eher vergehen Himmel und Erde,
als dass auch nur ein Strichlein vom Gesetz ungültig wird.

18 Jeder, der sich von seiner Frau scheiden lässt
und eine andere heiratet, begeht Ehebruch.
Und wer eine geschiedene Frau heiratet,
begeht ebenso Ehebruch.«

Die Geschichte vom reichen Mann und dem armen Lazarus

19 »Einst lebte ein reicher Mann.
Er trug einen Purpurmantel
und Kleider aus feinstem Leinen.
Tag für Tag genoss er das Leben in vollen Zügen.
20 Aber vor dem Tor seines Hauses
lag ein armer Mann, der Lazarus hieß.
Sein Körper war voller Geschwüre.
21 Er wollte seinen Hunger
mit den Resten vom Tisch des Reichen stillen.
Aber es kamen nur die Hunde
und leckten an seinen Geschwüren.
22 Dann starb der arme Mann,
und die Engel trugen ihn in Abrahams Schoß.
Auch der Reiche starb und wurde begraben.
23 Im Totenreich litt er große Qualen.
Als er aufblickte, sah er in weiter Ferne Abraham
und Lazarus an seiner Seite.
24 Da schrie er: ›Vater Abraham, hab Erbarmen mit mir!
Bitte schick Lazarus,
damit er seine Fingerspitze ins Wasser taucht
und meine Zunge kühlt.
Ich leide schrecklich in diesem Feuer!‹

25 Doch Abraham antwortete: ›Kind, erinnere dich:
Du hast deinen Anteil an Gutem
schon im Leben bekommen –
genauso wie Lazarus seinen Anteil an Schlimmem.
Dafür findet er jetzt hier Trost, du aber leidest.

gerecht, Gerechtigkeit: Meint ein Leben nach dem Willen Gottes.

Gesetz und Propheten: Im Neuen Testament eine gebräuchliche Bezeichnung für die Heilige Schrift.

Johannes der Täufer: Bereitet die Menschen auf das Kommen von Jesus vor.

Reich Gottes: Wörtlich »Königsherrschaft Gottes«. Bezeichnet den Herrschaftsbereich, in dem sich Gottes Wille durchsetzt.

Strichlein: Gemeint ist ein Häkchen oder Zierstrich an einem hebräischen Buchstaben.

Gesetz: Die Lebensvorschriften des Alten Testaments, besonders die fünf Bücher Mose.

Abrahams Schoß: Abraham, der Stammvater Israels, gilt als Vater der Gläubigen und als Beschützer der Gerechten. In seinem Schoß warten die Verstorbenen darauf, in den Himmel aufgenommen zu werden.

Mose und Propheten: »Mose« steht hier stellvertretend für die Lebensvorschriften des Alten Testaments, die sich in den fünf Büchern Mose finden. Zusammen mit den »Propheten« ist der Ausdruck im Neuen Testament eine gebräuchliche Bezeichnung für die Heilige Schrift.

Jünger: Wörtlich »Schüler«. Frauen und Männer, die ihrem Lehrer folgten und von ihm lernten.

Bruder, Schwester: Wörtlich »Bruder«. Das griechische Wort bezeichnet männliche *und* weibliche Mitglieder der Gemeinde.

Apostel: Wörtlich »Ausgesandte«. Menschen, die dazu berufen sind, die Gute Nachricht von Jesus Christus zu verkünden. Im engeren Sinn die zwölf Jünger von Jesus, die ihn während seines Lebens begleiteten.

Glaube, glauben: Meint das tiefe Vertrauen auf Gott, das zu einem Leben nach seinem Willen führt.

26 Außerdem liegt zwischen uns und euch
ein tiefer Abgrund.
Selbst wenn jemand wollte,
könnte er von hier nicht zu euch hinübergehen.
Genauso kann keiner von dort zu uns herüberkommen.‹
27 Da sagte der Reiche: ›So bitte ich dich, Vater:
Schick Lazarus doch wenigstens zu meiner Familie.
28 Ich habe fünf Brüder.
Lazarus soll sie warnen,
damit sie nicht auch an diesen Ort der Qual kommen!‹
29 Aber Abraham antwortete:
›Sie haben doch Mose und die Propheten:
Auf die sollen sie hören!‹
30 Der Reiche erwiderte: ›Nein, Vater Abraham!
Nur wenn einer von den Toten zu ihnen kommt,
werden sie ihr Leben ändern.‹
31 Doch Abraham antwortete:
›Wenn sie auf Mose und die Propheten nicht hören –
dann wird es sie auch nicht überzeugen,
wenn jemand von den Toten aufersteht.‹«

Warnung vor Verführung und Regeln für den Streitfall

→ Matthäus 18,6-7; 18,15; 18,21-22; Markus 9,42

17 1 Jesus sagte zu seinen Jüngern:
»Das ist unvermeidlich: Es werden Dinge geschehen,
die Menschen von mir abbringen.
Aber wehe dem Menschen, der dazu beiträgt.
2 Es wäre besser für ihn,
mit einem Mühlstein um den Hals
ins Meer geworfen zu werden –
jedenfalls besser, als einen von diesen Geringsten
von mir abzubringen.
3 Nehmt euch in Acht!

Wenn dein Bruder
– und das gilt entsprechend für deine Schwester –
dir Unrecht tut, weise ihn zurecht!
Wenn er sich dann ändert, vergib ihm!
4 Vielleicht tut er dir siebenmal am Tag Unrecht
und kommt siebenmal zu dir und sagt:
›Ich will mich ändern!‹
Dann sollst du ihm jedes Mal vergeben.«

Aufforderung zum Vertrauen

→ Matthäus 17,20

5 Die Apostel baten den Herrn:
»Stärke unseren Glauben.«
6 Aber der Herr sagte:

»Wenn euer Glaube nur so groß ist wie ein Senfkorn,
könnt ihr diesem Maulbeerbaum befehlen:
›Zieh deine Wurzeln aus der Erde
und verpflanze dich ins Meer!‹ –
und er wird euch gehorchen.«

Kein Anspruch auf besondere Anerkennung

7 »Stellt euch vor: Einer von euch hat einen Knecht,
der den Acker pflügt oder das Vieh hütet.
Der kommt vom Feld zurück.
Wer von euch wird zu ihm sagen:
›Komm gleich her und leg dich zu Tisch‹?
8 Im Gegenteil! Er wird zu ihm sagen:
›Mach mir etwas zu essen!
Binde dir eine Schürze um und bediene mich,
solange ich esse und trinke.
Danach kannst auch du essen und trinken.‹
9 Bedankt er sich etwa bei seinem Knecht,
weil der seinen Auftrag erledigt hat?
10 So soll es auch bei euch sein:
Wenn ihr alles getan habt,
womit euch Gott beauftragt hat,
dann sagt: ›Wir sind Knechte, weiter nichts.
Wir haben nur unsere Pflicht getan.‹«

Wer in das Reich Gottes kommt 17,11–19,27

Der dankbare Samariter

11 Auf seinem Weg nach Jerusalem zog Jesus
auch durch das Grenzgebiet von Samarien und Galiläa.
12 Er kam in ein Dorf.
Dort begegneten ihm zehn Männer,
die an Aussatz erkrankt waren.
Sie blieben in einiger Entfernung stehen
13 und riefen laut:
»Jesus, Meister, hab Erbarmen mit uns!«
14 Jesus sah sie an und sagte zu ihnen:
»Geht und zeigt euch den Priestern!«
Noch während sie unterwegs waren,
wurden sie geheilt und rein.
15 Einer von ihnen kehrte wieder zurück,
als er merkte, dass er geheilt war.
Er lobte Gott mit lauter Stimme,
16 warf sich vor Jesus zu Boden und dankte ihm.
Und dieser Mann war ein Samariter!
17 Da fragte Jesus ihn:
»Sind nicht zehn Männer rein geworden?

Senfkorn: Ein Senfkorn hat einen Durchmesser von 1–2 mm.

Maulbeerbaum: Stämmiger, knorriger Baum mit starken Wurzeln. Maulbeerbäume sind schwer zu entwurzeln. Sie entwickeln immer wieder neue Stämme und werden sehr alt.

zu Tisch liegen: Bei festlichen Anlässen war es in der griechisch-römischen Welt üblich, beim Essen zu liegen.

Jerusalem: Mit dem Tempel religiöses und kulturelles Zentrum des Landes.

Aussatz: Bezeichnet verschiedene Arten von Hautkrankheiten. Als Ursache galten nicht nur medizinische Gründe, sondern auch eine gestörte Beziehung zu Gott.

rein: Bezeichnet Menschen, Tiere und Dinge, die dafür vorbereitet sind, in der Nähe Gottes zu sein. In der Bibel sind dabei bestimmte religiöse Vorschriften zu beachten.

Samariter: Aus den Israeliten hervorgegangene Glaubensgruppe, die nur die fünf Bücher Mose als Heilige Schrift anerkannte. Zwischen ihnen und den Juden herrschte Rivalität.

Wo sind denn die anderen neun?
18 Ist sonst keiner zurückgekommen,
um Gott die Ehre zu geben –
nur dieser Fremde hier?«
19 Und Jesus sagte zu ihm:
»Steh auf, du kannst gehen!
Dein Glaube hat dich gerettet.«

Wann richtet Gott seine Herrschaft auf?

20 Die Pharisäer fragten Jesus:
»Wann kommt das Reich Gottes?«
Jesus antwortete:
»Das Reich Gottes kommt nicht so,
dass man es an äußeren Anzeichen erkennen kann.
21 Man wird auch nicht sagen: ›Schau her, hier ist es!‹,
oder: ›Dort ist es!‹
Nein, das Reich Gottes ist schon da –
mitten unter euch.«

Wenn der Menschensohn kommt

→ Matthäus 10,39; 16,25; 24,26-28; 24,37-41; Markus 8,34-35; Johannes 12,25

22 Dann sagte Jesus zu den Jüngern:
»Die Zeit wird kommen, in der ihr euch danach sehnt,
unter der Herrschaft des Menschensohns zu leben –
nur einen einzigen Tag lang,
aber ihr werdet ihn nicht erleben.
23 Die Leute werden zu euch sagen:
›Seht doch, dort!‹, oder: ›Seht doch, hier!‹
Dann geht nicht hin, lauft ihnen nicht nach.
24 Denn wenn der Menschensohn an seinem Tag kommt,
wird es sein wie bei einem Blitz:
Unübersehbar leuchtet er auf,
von einem Ende des Himmels bis zum anderen.
25 Aber vorher wird er viel leiden müssen.
Diese Generation wird ihn als Verbrecher behandeln.

26 Wie es zur Zeit Noahs war,
so wird es auch zur Zeit des Menschensohns sein:
27 Die Menschen aßen und tranken,
sie heirateten und verheirateten ihre Kinder.
So lebten sie bis zu dem Tag,
als Noah in die Arche stieg.
Dann kam die Sintflut und vernichtete alle.
28 Es wird auch sein wie zur Zeit Lots:
Die Menschen aßen und tranken,
sie kauften und verkauften,
sie bestellten das Land und bauten Häuser.

Pharisäer: Angehöriger einer jüdischen Glaubensgruppe, die die biblischen Vorschriften und Gesetze sehr streng auslegte.

Reich Gottes: Wörtlich »Königsherrschaft Gottes«. Bezeichnet den Herrschaftsbereich, in dem sich Gottes Wille durchsetzt.

Menschensohn: Bezeichnung, die zum Ausdruck bringt, dass Menschen Geschöpfe Gottes sind. Im Neuen Testament ein Titel für Jesus, der von Gott zum Herrscher und Retter der Welt bestimmt wurde.

an seinem Tag: Der Tag, an dem Christus nach Tod und Auferstehung wiederkommt. Dann hält Gott Gericht und sein Reich bricht endgültig an.

Arche: Bezeichnung für das kastenartige Schiff, in dem die Familie Noahs und die Tiere vor der Sintflut gerettet wurden; vgl. 1. Mose/Genesis 6,9–9,17.

Lot: Neffe von Abraham. Lebte in der Stadt Sodom und wurde bei der Vernichtung der Stadt von Gott gerettet.

29 Aber an dem Tag, als Lot Sodom verließ,
fielen Feuer und Schwefel vom Himmel
und vernichteten alle.
30 Genauso wird es an dem Tag sein,
an dem der Menschensohn erscheint.

31 Wer an diesem Tag auf dem Dach ist
und seine Sachen im Haus hat,
soll sie nicht erst heraufholen.
Genauso gilt:
Wer gerade auf dem Feld ist,
soll nicht noch zurücklaufen.
32 Denkt an die Frau von Lot!
33 Wer sein Leben retten will, wird es verlieren.
Wer es aber verliert, wird es bewahren.
34 Das sage ich euch:
In dieser Nacht werden zwei Menschen
in einem Bett liegen.
Den einen wird der Menschensohn zu sich holen
und den anderen zurücklassen.
35 Zwei Frauen werden zusammen Korn mahlen –
die eine wird er zu sich holen,
aber die andere zurücklassen.«
36 [...]
37 Da fragten die Jünger Jesus:
»Wo wird das sein, Herr?«
Er antwortete: »Wo das Aas liegt,
da sammeln sich unübersehbar auch die Geier.«

Das Gleichnis vom Richter und der Witwe

18 1 Jesus wollte den Jüngern deutlich machen,
dass sie immer beten sollen, ohne darin nachzulassen.
Deshalb erzählte er ihnen ein Gleichnis:
2 »In einer Stadt lebte ein Richter.
Der hatte keine Achtung vor Gott
und nahm auf keinen Menschen Rücksicht.
3 In der gleichen Stadt wohnte auch eine Witwe.
Die kam immer wieder zu ihm und sagte:
›Verhilf mir zu meinem Recht gegenüber meinem Gegner.‹
4 Lange Zeit wollte sich der Richter nicht darum kümmern.
Doch dann sagte er sich:
›Ich habe zwar keine Achtung vor Gott
und ich nehme auf keinen Menschen Rücksicht.
5 Aber diese Witwe ist mir lästig.
Deshalb will ich ihr zu ihrem Recht verhelfen.
Sonst verpasst sie mir am Ende noch
einen Schlag ins Gesicht.‹«

Dach: Dächer waren flach und wurden als eine Art Terrasse genutzt.

Frau von Lot: Als Lot und seine Familie vor der Zerstörung der Städte Sodom und Gomorra fliehen, dreht seine Frau sich um und erstarrt zur Salzsäule; vgl. 1. Mose/Genesis 19,26.

[...]: Einige spätere Handschriften fügen hinzu: »Zwei Männer werden zusammen auf dem Feld arbeiten. Den einen wird der Menschensohn zu sich holen und den anderen zurücklassen.« Diese Worte finden sich auch in Matthäus 24,40.

Gleichnis: Erzählung, die ihre Botschaft in Bildern und Vergleichen vermittelt.

[6] Und der Herr fuhr fort:
»Hört genau hin, was der ungerechte Richter hier sagt!
[7] Wird Gott dann nicht umso mehr
denen zu ihrem Recht verhelfen, die er erwählt hat –
und die Tag und Nacht zu ihm rufen?
Wird er sie etwa lange warten lassen?
[8] Das sage ich euch:
Er wird ihnen schon bald zu ihrem Recht verhelfen!
Aber wenn der Menschensohn kommt,
wird er so einen Glauben auf der Erde finden?«

Das Gleichnis vom Pharisäer und dem Zolleinnehmer

[9] Einige der Leute waren davon überzeugt,
dass sie gerecht vor Gott lebten.
Für die anderen hatten sie nur Verachtung übrig.
Ihnen erzählte Jesus dieses Gleichnis:
[10] »Zwei Männer gingen zum Tempel, um zu beten.
Der eine war ein Pharisäer
und der andere ein Zolleinnehmer.
[11] Der Pharisäer stellte sich hin und betete leise:
›Gott, ich danke dir,
dass ich nicht so bin wie die anderen Menschen –
kein Räuber, Betrüger, Ehebrecher
oder Zolleinnehmer wie dieser hier.
[12] An zwei Tagen in der Woche faste ich.
Und ich gebe sogar den zehnten Teil
von allem, was ich kaufe.‹
[13] Der Zolleinnehmer aber stand weit abseits.
Er traute sich nicht einmal, zum Himmel aufzublicken.
Er schlug sich auf die Brust und sagte:
›Gott, vergib mir! Ich weiß, dass ich ein Sünder bin.‹
[14] Das sage ich euch:
Der Zolleinnehmer ging nach Hause
und war nun vor Gott gerecht –
im Unterschied zu dem Pharisäer.
Denn wer sich selbst groß macht,
wird von Gott niedrig und klein gemacht.
Aber wer sich selbst niedrig und klein macht,
wird von Gott groß gemacht werden.«

Jesus und die Kinder

→ Matthäus 19,13-15; Markus 10,13-16

[15] Einige Leute brachten kleine Kinder zu Jesus.
Sie wollten, dass er ihnen die Hände auflegte.
Als die Jünger das sahen,
wiesen sie die Leute schroff zurück.
[16] Doch Jesus rief die Kinder zu sich und sagte:

gerecht, Gerechtigkeit: Meint ein Leben nach dem Willen Gottes.

Pharisäer: Angehöriger einer jüdischen Glaubensgruppe, die die biblischen Vorschriften und Gesetze sehr streng auslegte.

Zolleinnehmer: Beamte, die im Namen des römischen Staats Zoll erhoben. Sie bekamen keinen Lohn vom Staat, sondern lebten von dem Geld, das sie auf die festgesetzten Steuern aufschlugen. Deshalb hatten sie ein schlechtes Ansehen.

von allem, was ich kaufe: Vorsichtsmaßnahme für den Fall, dass der Verkäufer es unterlässt, den vorgesehenen zehnten Teil als Abgabe an den Tempel abzugeben.

sich auf die Brust schlagen: Ausdruck von Trauer und Schmerz.

Sünder: Mensch, der sich von Gott abgewendet hat und seinen Willen missachtet.

die Hände auflegen: Durch das Auflegen der Hände schenkt Jesus den Kindern den Segen Gottes.

»Lasst doch die Kinder zu mir kommen
und hindert sie nicht daran.
Denn für Menschen wie sie ist das Reich Gottes da.
17 Amen, das sage ich euch:
Wer sich das Reich Gottes nicht
wie ein Kind schenken lässt, wird nie hineinkommen.«

Die Gefahr des Reichtums

→ Matthäus 19,16-26; Markus 10,17-27

18 Einer der führenden Männer des jüdischen Rats
fragte Jesus: »Guter Lehrer, was muss ich tun,
damit ich das ewige Leben bekomme?«
19 Jesus antwortete: »Warum nennst du mich gut?
Niemand ist gut außer einem: Gott.
20 Du kennst doch die Gebote:
›Du sollst nicht ehebrechen!
Du sollst nicht töten!
Du sollst nicht stehlen!
Du sollst keine falschen Aussagen machen!
Du sollst deinen Vater und deine Mutter ehren
und für sie sorgen!‹«
21 Aber der Mann sagte:
»Das alles habe ich seit meiner Jugend befolgt.«
22 Als Jesus das hörte, sagte er zu ihm:
»Eins fehlt dir noch: Verkaufe alles, was du hast,
und verteile das Geld an die Armen.
So wirst du einen Schatz im Himmel haben.
Dann komm und folge mir!«
23 Der Mann wurde sehr traurig, als er das hörte.
Denn er war sehr reich.

24 Als Jesus den Mann so traurig sah, sagte er:
»Wie schwer ist es doch für die Menschen,
die viel besitzen,
in das Reich Gottes hineinzukommen.
25 Leichter geht ein Kamel durch ein Nadelöhr,
als dass ein Reicher in das Reich Gottes hineinkommt.«
26 Da fragten die Leute, die das hörten:
»Wer kann dann überhaupt gerettet werden?«
27 Jesus antwortete: »Was für Menschen unmöglich ist,
das ist möglich für Gott.«

Der Lohn für die, die alles aufgegeben haben

→ Matthäus 19,27-30; Markus 10,28-31

28 Da sagte Petrus zu Jesus:
»Du weißt: Wir haben unseren Besitz zurückgelassen
und sind dir gefolgt.«

Reich Gottes: Wörtlich »Königsherrschaft Gottes«. Bezeichnet den Herrschaftsbereich, in dem sich Gottes Wille durchsetzt.

Amen: Das hebräische Wort bedeutet »So ist es! / So soll es sein!«

jüdischer Rat: Oberste Behörde zur Regelung religiöser Angelegenheiten.

ewiges Leben: Leben im Reich Gottes und in unmittelbarer Gemeinschaft mit Gott nach der Auferstehung vom Tod.

die Gebote: Die folgenden Gebote gehören zu den Zehn Geboten, vgl. 2. Mose/Exodus 20,1-17.

folgen: Jesus zu folgen bedeutet, das Leben ganz in seinen Dienst zu stellen.

Amen: Das hebräische Wort bedeutet »So ist es! / So soll es sein!«

die Zwölf: Meint die zwölf Jünger, die während der Zeit seines Wirkens bei Jesus waren.

geschrieben haben: Die Worte von Jesus erinnern an die Worte des Propheten Jesaja über den Knecht Gottes, die sich beispielsweise in Jesaja 52,13–53,12 finden.

Heiden: Bezeichnung für Menschen, die nicht an den Gott Israels glauben. Hier sind die Römer gemeint, die das Land seit 63 v. Chr. beherrschten.

Sohn Davids: David ist ein bedeutender König von Israel. Nachdem das Königreich untergegangen war, hoffte man auf einen Nachkommen Davids als Retter und Erlöser Israels; vgl. 2. Samuel 7,12-16.

Glaube, glauben: Meint das tiefe Vertrauen auf Gott, das zu einem Leben nach seinem Willen führt.

folgen: Jesus zu folgen bedeutet, das Leben ganz in seinen Dienst zu stellen.

29 Jesus antwortete: »Amen, das sage ich euch:
Jeder, der für das Reich Gottes etwas zurückgelassen hat
– Haus, Ehefrau, Geschwister, Eltern oder Kinder –
30 wird es um das Vielfache neu bekommen.
Das gilt schon jetzt in dieser Zeit.
Und dann, wenn Gottes Reich kommt,
bekommt er das ewige Leben.«

Jesus kündigt zum dritten Mal seinen Tod an

→ Matthäus 20,17-19; Markus 10,32-34

31 Jesus nahm die Zwölf beiseite und sagte zu ihnen:
»Wir ziehen jetzt nach Jerusalem.
Dort wird alles in Erfüllung gehen,
was die Propheten
über den Menschensohn geschrieben haben:
32 Er wird an die Heiden ausgeliefert,
die unser Land besetzen.
Er wird verspottet, misshandelt und angespuckt werden.
33 Sie werden ihn auspeitschen und töten.
Aber am dritten Tag wird er vom Tod auferstehen.«
34 Die Zwölf verstanden kein Wort.
Der Sinn dieser Worte blieb ihnen verborgen.
Sie begriffen nicht, wovon er sprach.

Jesus heilt einen Blinden

→ Matthäus 20,29-34; Markus 10,46-52

35 Als Jesus in die Nähe von Jericho kam,
saß ein Blinder am Weg und bettelte.
36 Er hörte, wie die Volksmenge an ihm vorbeiging,
und fragte: »Was ist denn los?«
37 Die Leute sagten zu ihm:
»Jesus von Nazaret kommt gerade hier vorbei.«
38 Da rief er laut:
»Jesus, du Sohn Davids, hab Erbarmen mit mir!«
39 Die Leute, die vor Jesus hergingen,
fuhren ihn an: »Sei still!«
Aber der Blinde schrie noch viel lauter:
»Sohn Davids, hab Erbarmen mit mir!«
40 Da blieb Jesus stehen und sagte: »Bringt ihn zu mir!«
Als der Blinde bei ihm war, fragte Jesus ihn:
41 »Was willst du? Was soll ich für dich tun?«
Der Blinde antwortete: »Herr, dass ich sehen kann!«
42 Jesus sagte zu ihm: »Du sollst sehen können!
Dein Glaube hat dich gerettet.«
43 Sofort konnte er sehen.
Er folgte Jesus und rühmte Gott.
Auch das ganze Volk, das alles miterlebt hatte,
lobte Gott.

Jesus und Zachäus

19 1 Jesus kam nach Jericho und ging durch die Stadt.
2 Dort lebte ein Mann, der Zachäus hieß.
Er war der oberste Zolleinnehmer und sehr reich.
3 Er wollte unbedingt sehen, wer dieser Jesus war.
Aber er konnte es nicht, denn er war klein,
und die Volksmenge versperrte ihm die Sicht.
4 Deshalb lief er voraus
und kletterte auf einen Maulbeerfeigenbaum,
um Jesus sehen zu können –
denn dort musste er vorbeikommen.
5 Als Jesus an die Stelle kam, blickte er hoch
und sagte zu ihm: »Zachäus, steig schnell herab.
Ich muss heute in deinem Haus zu Gast sein.«
6 Sofort stieg Zachäus vom Baum herab.
Voller Freude nahm er Jesus bei sich auf.

7 Als die Leute das sahen, ärgerten sie sich
und sagten zueinander:
»Bei einem Sünder ist er eingekehrt!«
8 Aber Zachäus stand auf und sagte zum Herrn:
»Herr, die Hälfte von meinem Besitz
werde ich den Armen geben.
Und wem ich zu viel abgenommen habe,
dem werde ich es vierfach zurückzahlen.«
9 Da sagte Jesus zu ihm:
»Heute bist du gerettet worden –
zusammen mit allen, die in deinem Haus leben.
Denn auch du bist ein Nachkomme Abrahams!
10 Der Menschensohn ist gekommen,
um die Verlorenen zu suchen und zu retten.«

Das Gleichnis vom anvertrauten Geld

→ Matthäus 25,14-30

11 Die Leute hörten, was Jesus zu Zachäus sagte.
Außerdem war er schon in der Nähe von Jerusalem.
Daher meinten sie,
das Reich Gottes werde jetzt gleich anbrechen.
Deshalb erzählte er ihnen ein weiteres Gleichnis.
12 Er sagte: »Ein Mann von vornehmer Herkunft
reiste in ein fernes Land.
Er wollte sich dort
zum König über sein Land einsetzen lassen
und anschließend zurückkehren.
13 Vorher rief er zehn seiner Diener und gab jedem Geld
im Wert von einem halben Kilogramm Silber.
Er sagte zu ihnen:
›Macht mit dem Geld Geschäfte, bis ich wiederkomme!‹

Zolleinnehmer: Beamte, die im Namen des römischen Staats Zoll erhoben. Sie bekamen keinen Lohn vom Staat, sondern lebten von dem Geld, das sie auf die festgesetzten Steuern aufschlugen. Deshalb hatten sie ein schlechtes Ansehen.

Sünder: Menschen, die sich von Gott abgewendet haben und seinen Willen missachten.

Nachkomme Abrahams: Ausdruck für die Zugehörigkeit zum Volk Israel, als dessen Stammvater Abraham gilt.

Menschensohn: Bezeichnung, die zum Ausdruck bringt, dass Menschen Geschöpfe Gottes sind. Im Neuen Testament ein Titel für Jesus, der von Gott zum Herrscher und Retter der Welt bestimmt wurde.

Jerusalem: Mit dem Tempel religiöses und kulturelles Zentrum des Landes.

Reich Gottes: Wörtlich »Königsherrschaft Gottes«. Bezeichnet den Herrschaftsbereich, in dem sich Gottes Wille durchsetzt.

Gleichnis: Erzählung, die ihre Botschaft in Bildern und Vergleichen vermittelt.

einsetzen lassen: Wer als König über sein eigenes Land herrschen wollte, musste vom römischen Kaiser offiziell in dieses Amt eingesetzt werden.

Diener: Menschen, die für einen Herrn arbeiteten und in dessen Haus lebten. Es war üblich, dass sie mit geringen Geldbeträgen ihres Herrn Geschäfte machten. Der Gewinn gehörte ihrem Herrn, für einen Verlust mussten sie selbst aufkommen.

14 Aber die Einwohner seines Landes hassten ihn.
Sie schickten eine Gesandtschaft hinter ihm her
und ließen erklären:
›Wir wollen nicht, dass dieser Mann unser König wird!‹
15 Trotzdem übernahm er die Herrschaft.
Als er dann zurückkehrte, ließ er die Diener rufen,
denen er das Geld anvertraut hatte.
Er wollte wissen,
welchen Gewinn sie damit erzielt hatten.

16 Der erste kam und berichtete:
›Herr, ich habe dein Silber verzehnfacht.‹
17 Der König sagte:
›Gut gemacht! Du bist ein tüchtiger Diener.
Du hast dich in einer so unbedeutenden Sache
als zuverlässig erwiesen.
Darum übertrage ich dir
die Verantwortung für zehn Städte.‹
18 Der zweite kam und berichtete:
›Herr, ich habe dein Silber verfünffacht.‹
19 Der König sagte zu ihm:
›Ich übertrage dir die Verantwortung für fünf Städte.‹
20 Der nächste kam und berichtete:
›Herr, sieh nur: Hier hast du dein Silber.
Ich habe es in ein Tuch gewickelt
und sicher aufbewahrt.
21 Ich hatte Angst vor dir,
weil du ein strenger Mann bist.
Du nimmst Geld, das du nicht angelegt hast.
Und du erntest, was du nicht gesät hast.‹
22 Der König sagte zu ihm:
›Du hast dir selbst das Urteil gesprochen,
du schlechter Diener:
Du hast gewusst, dass ich ein strenger Mann bin –
dass ich Geld nehme, das ich nicht eingezahlt habe,
und ernte, was ich nicht gesät habe.
23 Warum hast du mein Geld nicht zur Bank gebracht?
So hätte ich es bei meiner Rückkehr
wenigstens mit Zinsen zurückbekommen.‹

24 Dann sagte der König zu denen, die dabeistanden:
›Nehmt ihm das Silber weg
und gebt es dem, der sein Silber verzehnfacht hat!‹
25 Sie sagten zu ihm:
›Herr, er hat doch schon das Zehnfache!‹
26 Der König erwiderte: ›Das sage ich euch:

Wer etwas hat, dem wird noch viel mehr gegeben.
Doch wer nichts hat,
dem wird auch das noch weggenommen, was er hat.
27 Und nun zu meinen Feinden,
die nicht wollten, dass ich ihr König werde:
Holt sie her und bringt sie um –
hier vor meinen Augen.‹«

Die letzten Tage von Jesus in Jerusalem

19,28–21,38

Der Konflikt zwischen Jesus und seinen Gegnern spitzt sich zu 19,28–21,4

Jesus zieht in Jerusalem ein

→ Matthäus 21,1-11; Markus 11,1-11; Johannes 12,12-19

28 Nachdem Jesus das Gleichnis erzählt hatte,
zog er weiter nach Jerusalem.
29 Kurz vor Betfage und Betanien kam Jesus zum Ölberg.
Von dort schickte er zwei seiner Jünger voraus
30 und sagte: »Geht in das Dorf, das vor euch liegt.
Wenn ihr hineinkommt,
findet ihr einen jungen Esel angebunden.
Auf ihm ist noch nie ein Mensch geritten.
Bindet ihn los und bringt ihn her.
31 Und wenn euch jemand fragt:
›Warum bindet ihr ihn los?‹,
dann sagt: ›Der Herr braucht ihn!‹«
32 Die beiden Jünger, die Jesus geschickt hatte,
gingen in das Dorf.
Sie fanden alles genau so,
wie Jesus es ihnen gesagt hatte.
33 Als sie den Esel losmachten, fragten die Besitzer:
»Warum bindet ihr den Esel los?«
34 Sie antworteten: »Der Herr braucht ihn!«

35 Sie brachten den jungen Esel zu Jesus
und legten ihre Mäntel auf seinen Rücken.
Dann ließen sie Jesus aufsteigen.
36 Während er weiterzog,
breiteten die Jünger ihre Mäntel auf der Straße aus.
37 So kam Jesus zu der Stelle,
wo der Weg vom Ölberg nach Jerusalem hinabführt.

Gleichnis: Erzählung, die ihre Botschaft in Bildern und Vergleichen vermittelt.

Jerusalem: Mit dem Tempel religiöses und kulturelles Zentrum des Landes.

Ölberg: Berg etwa 1 km östlich von Jerusalem.

Jünger: Wörtlich »Schüler«. Frauen und Männer, die ihrem Lehrer folgten und von ihm lernten.

Esel: Hier wird ein Bild aus Sacharja 9,9 aufgenommen. Dort wird angekündigt, dass der künftige Retter der Welt auf einem Esel reitend in Jerusalem einziehen wird.

Zeichen, Wunder: Ausweis der göttlichen Vollmacht, mit der eine Person handelt.

Herr: Bezeichnung für Gott. Das griechische Alte Testament verwendet das Wort »Herr« an den Stellen, an denen im hebräischen Text der Gottesname steht.

Herrlichkeit: Bezeichnet das, was einer Person Ansehen und Macht verleiht. Gottes Herrlichkeit stellt man sich auch als strahlenden Lichtglanz vor.

Pharisäer: Angehöriger einer jüdischen Glaubensgruppe, die die biblischen Vorschriften und Gesetze sehr streng auslegte.

Stadt: Gemeint ist Jerusalem.

Frieden: Umfassender Zustand von Glück und Wohlergehen des Einzelnen und der Gemeinschaft, der aus der Beziehung mit Gott hervorgeht.

in der Heiligen Schrift steht: Das Zitat setzt sich zusammen aus Jesaja 56,7 und Jeremia 7,11.

Schriftgelehrte: Menschen, deren Aufgabe das Studium und die Auslegung der Heiligen Schrift ist.

Ratsälteste: Mitglieder des jüdischen Rats, der obersten Behörde zur Regelung religiöser Angelegenheiten.

Da brach die ganze Schar der Jüngerinnen und Jünger
in lauten Jubel aus.
Sie lobten Gott für all die Wunder,
die sie miterlebt hatten.
38 Sie riefen:
»Gesegnet ist der König, der im Namen des Herrn kommt!
Friede herrscht im Himmel
und Herrlichkeit erfüllt die Himmelshöhe!«

39 Es waren auch einige Pharisäer unter der Volksmenge.
Die riefen ihm zu: »Lehrer,
bring doch deine Jünger zur Vernunft!«
40 Jesus antwortete ihnen: »Das sage ich euch:
Wenn sie schweigen, dann werden die Steine schreien!«

Jesus weint über Jerusalem

41 Als Jesus sich der Stadt näherte
und sie vor sich liegen sah, weinte er über sie:
42 »Wenn doch auch du heute erkannt hättest,
was dir Frieden bringt!
Aber jetzt ist es vor deinen Augen verborgen.
43 Denn es wird eine schlimme Zeit über dich hereinbrechen:
Deine Feinde werden einen Wall aus spitzen Pfählen
rings um dich errichten.
Sie werden dich umzingeln
und von allen Seiten einschließen.
44 Dich und deine Bewohner werden sie restlos vernichten.
Keinen Stein werden sie auf dem anderen lassen –
weil du den Tag nicht erkannt hast,
an dem Gott dir zu Hilfe gekommen ist.«

Jesus vertreibt die Händler aus dem Tempel

→ Matthäus 21,12-17; Markus 11,15-19; Johannes 2,13-17

45 In Jerusalem ging Jesus in den Tempel.
Er fing an, die Leute hinauszujagen,
die im Tempel etwas verkauften.
46 Er sagte zu ihnen: »In der Heiligen Schrift steht:
›Mein Haus soll ein Gebetshaus sein.
Ihr aber habt eine Räuberhöhle daraus gemacht.‹«

47 Jesus war jeden Tag im Tempel und lehrte.
Aber die führenden Priester, die Schriftgelehrten
und auch die Ratsältesten des Volkes
suchten nach einer Möglichkeit, ihn umzubringen.
48 Doch sie wussten nicht, wie sie vorgehen sollten.
Denn das Volk war die ganze Zeit bei ihm
und hörte ihm aufmerksam zu.

Woher hat Jesus seine Vollmacht?

→ Matthäus 21,23-27; Markus 11,27-33

20 1 Eines Tages war Jesus wieder einmal im Tempel.
Er lehrte das Volk
und verkündete die Gute Nachricht.
Da traten ihm die führenden Priester,
die Schriftgelehrten und die Ratsältesten entgegen.
2 Sie fragten ihn: »Sag uns:
Mit welchem Recht trittst du so auf?
Und wer hat dir diese Vollmacht gegeben?«
3 Jesus antwortete:
»Ich will euch auch eine Frage stellen. Sagt mir:
4 Von wem hatte Johannes den Auftrag zu taufen?
Von Gott oder von Menschen?«
5 Da überlegten sie und sagten zueinander:
»Wenn wir sagen: ›Von Gott‹, wird er fragen:
›Warum habt ihr ihm dann nicht geglaubt?‹
6 Wenn wir sagen: ›Von Menschen‹,
wird das Volk uns steinigen.
Denn alle sind überzeugt,
dass Johannes ein Prophet war.«
7 Deshalb antworteten sie Jesus:
»Wir wissen nicht von wem.«
8 Da sagte Jesus zu ihnen:
»Dann sage ich euch auch nicht,
mit welchem Recht ich so auftrete.«

Das Gleichnis von den Pächtern des Weinbergs

→ Matthäus 21,33-46; Markus 12,1-12

9 Nun erzählte Jesus dem Volk dieses Gleichnis:
»Ein Mann legte einen Weinberg an.
Dann verpachtete er ihn und ging länger auf Reisen.
10 Als es an der Zeit war,
schickte der Besitzer einen Knecht zu den Pächtern.
Der sollte seinen Anteil
vom Ertrag des Weinbergs abholen.
Aber die Pächter verprügelten ihn
und jagten ihn mit leeren Händen davon.
11 Noch einmal schickte der Besitzer einen Knecht.
Aber auch den verprügelten und beschimpften sie.
Dann jagten sie ihn ebenfalls mit leeren Händen davon.
12 Der Besitzer schickte einen dritten.
Den schlugen sie blutig und warfen ihn hinaus.
13 Da sagte der Weinbergbesitzer:
›Was soll ich jetzt tun?
Ich werde meinen geliebten Sohn schicken.
Vor ihm werden sie wohl Achtung haben!‹

Gute Nachricht: Wörtliche Übersetzung von »Evangelium«. Steht für Gottes Willen, die Menschen mit sich zu versöhnen und in Gemeinschaft mit sich leben zu lassen.

Johannes der Täufer: Bereitet die Menschen auf das Kommen von Jesus vor.

Steinigung, steinigen: Hinrichtungsart, bei der ein Verurteilter öffentlich mit Steinen beworfen wird.

Prophet: Verkündet, was Gott in einer bestimmten Situation zu sagen hat.

Gleichnis: Erzählung, die ihre Botschaft in Bildern und Vergleichen vermittelt.

Weinberg: Ein mit einer Mauer umgebener Garten, in dem Wein angebaut wird. In der Bibel wird er auch als Bild für das Volk Israel verwendet, vgl. Jesaja 5,1-7.

die Stelle in der Heiligen Schrift: Zitat aus Psalm 118,22.

gerecht, Gerechtigkeit: Meint ein Leben nach dem Willen Gottes.

römischer Statthalter: Verwalter einer Region oder Provinz im Auftrag des römischen Senats oder des Kaisers.

Lehrer: Ehrenvolle Anrede für die Schriftgelehrten, die auch Jesus gegenüber gebraucht wurde.

Silbermünze: Die römischen Kaiser ließen Münzen mit einem Bild ihres Kopfes und einer entsprechenden Inschrift prägen.

14 Als die Pächter den Sohn kommen sahen,
sagten sie zueinander: ›Das ist der Erbe.
Wir bringen ihn um, und dann gehört sein Erbe uns.‹
15 Sie warfen ihn hinaus vor den Weinberg
und töteten ihn.
Was wird der Weinbergbesitzer jetzt mit ihnen machen?
16 Er wird selbst kommen, diese Pächter töten
und den Weinberg anderen anvertrauen.«

Als die Leute das hörten, sagten sie:
»Das darf nicht passieren!«
17 Aber Jesus schaute sie an und sagte:
»Was bedeutet denn die Stelle in der Heiligen Schrift:
›Der Stein, den die Bauleute verworfen haben,
ist zum Grundstein geworden.‹
18 Wer auf diesen Stein fällt, wird zerschmettert.
Und auf wen dieser Stein fällt, wird zerdrückt.«
19 Die Schriftgelehrten und die führenden Priester
wollten ihn am liebsten sofort festnehmen.
Aber sie fürchteten sich vor dem Volk.
Sie hatten verstanden,
dass er in dem Gleichnis von ihnen gesprochen hatte.

Steuern für den Kaiser?

→ Matthäus 22,15-22; Markus 12,13-17

20 Die führenden Priester und Schriftgelehrten
ließen Jesus nicht mehr aus den Augen.
Sie schickten Leute zu ihm, die ihn beobachten sollten.
Die sollten vorgeben, gerecht vor Gott zu leben,
und Jesus mit einer Frage in Bedrängnis bringen.
Es ging ihnen darum, ihn an die Gerichte
und in die Gewalt des römischen Statthalters auszuliefern.
21 Diese Leute fragten Jesus:
»Lehrer, wir wissen:
Du redest und lehrst aufrichtig
und siehst dabei nicht die Person an.
Vielmehr sagst du die Wahrheit und lehrst,
wie wir nach Gottes Willen leben sollen.
22 Ist es uns erlaubt,
dem Kaiser Steuern zu zahlen oder nicht?«

23 Jesus durchschaute ihre Absicht und sagte:
24 »Zeigt mir eine Silbermünze.
Wer ist auf dem Bild zu sehen,
und wer wird in der Inschrift genannt?«
Sie antworteten: »Der Kaiser.«
25 Da sagte Jesus zu ihnen:

»Dann gebt dem Kaiser, was dem Kaiser gehört,
und Gott, was Gott gehört!«
26 So konnten sie nichts von dem,
was er vor dem Volk sagte, gegen ihn verwenden.
Sie waren sehr erstaunt über seine Antwort
und konnten nichts mehr darauf erwidern.

Werden die Toten auferstehen?

→ Matthäus 22,23-33; Markus 12,18-27

27 Dann kamen einige Sadduzäer zu Jesus.
Die Sadduzäer behaupten,
dass es keine Auferstehung der Toten gibt.
Sie fragten Jesus:
28 »Lehrer, Mose hat uns vorgeschrieben:
›Wenn ein Mann stirbt und eine Frau hinterlässt,
aber kinderlos ist,
dann soll sein Bruder die Frau heiraten.
So kann er dem Verstorbenen Nachkommen verschaffen.‹
29 Nun gab es einmal sieben Brüder.
Der erste heiratete eine Frau und starb kinderlos.
30 So erging es auch dem zweiten.
31 Auch der dritte heiratete sie,
ebenso die nächsten, bis hin zum siebten –
alle starben kinderlos.
32 Zuletzt starb auch die Frau.
33 Wie wird es nun bei der Auferstehung der Toten sein?
Mit wem wird die Frau dann verheiratet sein?
Alle sieben haben sie ja zur Frau gehabt.«

34 Da sagte Jesus zu ihnen:
»In dieser Welt heiraten die Menschen
und werden geheiratet.
35 Anders ist es für alle,
die in Gottes neuer Welt leben dürfen
und von den Toten auferstehen.
Weder heiraten sie noch werden sie geheiratet.
36 Diese Menschen können dann auch nicht mehr sterben:
Sie sind wie Engel und Kinder Gottes –
denn sie sind Kinder der Auferstehung.
37 Dass Gott die Toten auferwecken wird, hat Mose schon
bei der Begegnung am Dornbusch deutlich gemacht:
Er nennt den Herrn ›den Gott Abrahams,
den Gott Isaaks und den Gott Jakobs‹.
38 Gott ist doch nicht ein Gott der Toten,
sondern der Lebenden.
Für ihn sind alle lebendig!«
39 Da sagten einige der Schriftgelehrten:
»Lehrer, das war eine gute Antwort!«

Sadduzäer: Angehörige einer jüdischen Glaubensgruppe, in der Priester eine bedeutende Rolle spielten. Neben den vornehmen Priesterfamilien gehörten ihr auch andere Vertreter der führenden Gesellschaftsschicht an.

Auferstehung: Meint die Auferweckung vom Tod und das ewige Leben im Reich Gottes.

Mose hat vorgeschrieben: Die folgenden Worte beziehen sich auf 5. Mose/Deuteronomium 25,5-6.

am Dornbusch deutlich gemacht: 2. Mose/Exodus 3,1-12 erzählt, wie Gott Mose in einem brennenden Dornbusch erscheint, ihm seinen Namen offenbart und seinem Volk die Befreiung aus der Sklaverei verspricht.

Herr: Bezeichnung für Gott. Das griechische Alte Testament verwendet das Wort »Herr« an den Stellen, an denen im hebräischen Text der Gottesname steht.

Schriftgelehrte: Menschen, deren Aufgabe das Studium und die Auslegung der Heiligen Schrift ist.

40 Von da an wagte es niemand mehr,
Jesus etwas zu fragen.

Davids Sohn oder Davids Herr?

→Matthäus 22,41-46; Markus 12,35-37

41 Da stellte Jesus den Schriftgelehrten eine Frage:
»Wie kann man behaupten:
›Der Christus ist ein Sohn Davids!‹?
42 David selbst sagt doch im Buch der Psalmen:
›Gott, der Herr, sprach zu meinem Herrn:
Setz dich an meine rechte Seite,
43 bis ich deine Feinde unterwerfe!
Ich mache sie zum Schemel für deine Füße.‹
44 David selbst nennt den Christus also ›Herr‹.
Wie kann dieser dann sein Sohn sein?«

Jesus warnt vor den Gesetzeslehrern

→Matthäus 23,1; 23,6-7; 23,14; Markus 12,38-40

45 Das ganze Volk hörte zu,
als Jesus zu seinen Jüngern sagte:
46 »Nehmt euch vor den Schriftgelehrten in Acht:
Sie zeigen sich gern in ihren langen Gewändern
und wollen auf den Marktplätzen gegrüßt werden.
In den Synagogen und bei den Festessen
ist es ihnen wichtig,
die Ehrenplätze zu bekommen.
47 Sie bringen die Häuser der Witwen in ihren Besitz
und sprechen nur zum Schein lange Gebete.
Dafür werden sie sehr hart bestraft werden.«

Die Opfergabe der Witwe

→Markus 12,41-44

21 1 Jesus blickte auf und sah,
wie reiche Leute ihre Opfergaben
in den Opferkasten warfen.
2 Er sah auch eine arme Witwe.
Sie warf zwei kleine Kupfermünzen hinein.
3 Da sagte Jesus:
»Wirklich, das sage ich euch:
Diese arme Witwe hat mehr gegeben als alle anderen.
4 Denn alle anderen
haben nur etwas von ihrem Überfluss
als Opfergabe eingeworfen.
Aber diese Witwe hat alles hergegeben,
was sie selbst zum Leben hat –
obwohl sie doch arm ist.«

Christus: Bedeutet übersetzt »der Gesalbte«. Im Alten Testament werden Könige, aber auch Propheten und Priester bei Amtsantritt gesalbt. Später wird der von Gott zum Herrscher der Welt bestimmte Retter so genannt. Im Neuen Testament ist das Jesus.

Sohn Davids: David ist ein bedeutender König von Israel. Nachdem das Königreich untergegangen war, hoffte man auf einen Nachkommen Davids als Retter und Erlöser Israels; vgl. 2. Samuel 7,12-16.

David sagt: David gilt als Dichter zahlreicher Lieder und Gebete. Im Folgenden wird aus Psalm 110,1 zitiert.

Schemel: Eine Art Fußbank, die vor dem Thron eines Herrschers steht.

Herr: Der Herr einer Person kann eigentlich nicht auch ihr Sohn sein. Nur auf Jesus Christus trifft beides zu. Er ist sowohl Davids Nachkomme als auch sein Herr.

Synagoge: Versammlungsstätte einer jüdischen Gemeinde.

Opferkasten: Geldbehälter für die Gaben, die von den Besuchern des Tempels in Jerusalem gespendet wurden.

Jesus spricht über die Endzeit

21,5-38

Jesus kündigt die Zerstörung des Tempels an

→Matthäus 24,1-2; Markus 13,1-2

5 Einige Leute dort im Tempel schwärmten:
»Aus herrlichen Steinen ist das alles gebaut
und mit Weihegaben prächtig ausgestattet!«
Aber Jesus sagte:
6 »Es kommt die Zeit,
da wird kein Stein auf dem anderen bleiben.
Alles, was ihr hier seht, wird zerstört werden.«

Wann kommt das Ende?

→Matthäus 24,3-8; Markus 13,3-8

7 Die Leute fragten Jesus: »Lehrer, wann wird das sein?
Und an welchen Zeichen erkennen wir,
dass es so weit ist?«
8 Jesus antwortete:
»Passt auf und lasst euch nicht in die Irre führen.
Viele werden unter meinem Namen auftreten
und behaupten: ›Ich bin es!‹
Und: ›Die von Gott bestimmte Zeit ist da!‹
Lauft ihnen nicht nach!
9 Erschreckt nicht,
wenn ihr von Kriegen und Aufständen hört.
Das alles muss zuerst geschehen.
Aber dann kommt noch nicht sofort das Ende.«
10 Jesus fuhr fort:
»Ein Volk wird gegen das andere kämpfen
und ein Reich das andere angreifen.
11 Es wird schwere Erdbeben geben.
An vielen Orten werden Hungersnöte
und Seuchen ausbrechen.
Schreckliche Dinge werden geschehen,
und am Himmel werden gewaltige Zeichen erscheinen.«

Standhalten in Verfolgung

→Matthäus 10,16-25; 24,9-14; Markus 13,9-13

12 »Bevor das alles eintrifft,
wird man euch Gewalt antun und euch verfolgen.
Man wird euch an die Synagogengerichte ausliefern
und ins Gefängnis werfen.
Vor Könige und hohe Regierungsbeamte
wird man euch stellen, weil ihr euch zu mir bekennt.
13 So werdet ihr als Zeugen für mich eintreten.

Tempel: Das zentrale Heiligtum in Jerusalem. Der Tempel galt als Wohnung Gottes und war Zufluchtsort für Verfolgte.

Lehrer: Ehrenvolle Anrede für die Schriftgelehrten, die auch Jesus gegenüber gebraucht wurde.

Ende: Meint den Tag des Herrn, an dem Jesus Christus nach Tod und Auferstehung wiederkommt. An diesem Tag hält Gott Gericht und sein Reich bricht endgültig an.

Synagogengericht: Ein örtliches Gericht, das in der Synagoge tagte.

Jerusalem: Mit dem Tempel religiöses und kulturelles Zentrum des Landes.

Judäa: Römische Provinz mit Jerusalem als religiösem und kulturellem Zentrum.

in der Heiligen Schrift steht: Christen lesen bestimmte Texte aus dem Alten Testament als Ankündigung dafür, dass Gott seinen Sohn Jesus Christus in die Welt schickt. Ein zentraler Text ist beispielsweise Daniel 7,13-14, wo das Kommen des Menschensohns angekündigt wird.

Heiden: Bezeichnung für Menschen, die nicht an den Gott Israels glauben.

14 Dabei sollt ihr beherzigen:
Bereitet keine Verteidigungsrede vor!
15 Denn ich selbst werde euch Worte in den Mund legen,
die kein Gegner widerlegen kann.
Und ich werde euch Weisheit schenken,
der niemand widerstehen kann.

16 Ihr werdet verraten werden:
von euren Eltern und Geschwistern,
von euren Verwandten und Freunden.
Einige von euch wird man sogar töten.
17 Alle werden euch hassen, weil ihr euch zu mir bekennt.
18 Aber keinem von euch
wird auch nur ein Haar gekrümmt werden.
19 Haltet also durch und gewinnt so das Leben!«

Die Zeit der Not, bevor der Menschensohn kommt

→ Matthäus 24,15-22; Markus 13,14-20

20 »Das sollt ihr wissen: Wenn ihr seht,
dass Jerusalem von feindlichen Heeren umzingelt ist,
steht seine Zerstörung unmittelbar bevor.
21 Dann sollen die Bewohner von Judäa
in die Berge fliehen.
Wer in der Stadt ist,
soll sie schnell verlassen.
Und wer auf dem Land ist,
soll nicht in der Stadt Zuflucht suchen.
22 Denn das ist die Zeit der Bestrafung.
Jetzt geht alles in Erfüllung,
was in der Heiligen Schrift steht.

23 Wie schrecklich wird diese Zeit für die Frauen sein,
die gerade ein Kind erwarten oder stillen!
Große Not wird im Land herrschen
und Gottes Zorn wird über dieses Volk kommen.
24 Viele werden durch das Schwert umkommen.
Andere werden als Gefangene
in die ganze Welt verschleppt.
Jerusalem wird von Heiden verwüstet werden,
bis deren Zeit abgelaufen ist.«

Der Menschensohn kommt

→ Matthäus 24,29-31; Markus 13,24-27

25 »Zeichen werden zu sehen sein
an der Sonne, dem Mond und den Sternen.
Auf der Erde werden die Völker zittern.
Sie werden weder aus noch ein wissen
vor dem tosenden Meer und seinen Wellen.

[26] Die Menschen werden vor Angst vergehen.
Sie warten auf die Ereignisse,
die über die ganze Welt hereinbrechen werden.
Denn sogar die Mächte des Himmels
werden erschüttert werden.
[27] Dann werden alle es sehen:
Der Menschensohn kommt auf einer Wolke
mit großer Macht und Herrlichkeit.
[28] Aber ihr sollt euch aufrichten und euren Kopf heben,
wenn das alles beginnt:
Eure Erlösung kommt bald!«

Das Gleichnis vom Feigenbaum

→ Matthäus 24,32-35; Markus 13,28-31

[29] Dann erzählte Jesus den Leuten ein Gleichnis:
»Schaut euch doch den Feigenbaum an
oder all die anderen Bäume.
[30] Wenn ihr seht, dass sie Blätter bekommen,
dann wisst ihr: Der Sommer ist bald da.
[31] So ist es auch mit euch:
Wenn ihr seht, dass das alles geschieht,
dann wisst ihr: Das Reich Gottes ist nahe.
[32] Amen, das sage ich euch:
Diese Generation wird nicht sterben,
bevor dies alles geschieht.
[33] Himmel und Erde werden vergehen,
aber meine Worte werden nicht vergehen.«

Bleibt wachsam!

[34] »Nehmt euch in Acht!
Maßlosigkeit, Trunksucht und Alltagssorgen
sollen euch nicht gefangen nehmen.
Sonst kommt dieser Tag für euch so überraschend
[35] wie eine Falle, die plötzlich zuschnappt.
Denn er kommt unerwartet über alle,
die auf der Erde leben.
[36] Seid zu jeder Zeit wachsam und betet!
Dann seid ihr in der Lage,
allem zu entgehen, was da kommt.
So könnt ihr dann auch vor den Menschensohn treten.«

Jesus lehrt im Tempel

[37] Jeden Tag war Jesus im Tempel und lehrte.
Am Abend aber verließ er die Stadt
und übernachtete auf dem Ölberg.
[38] Jeden Morgen in aller Frühe
kam das ganze Volk zu ihm in den Tempel,
um ihn zu hören.

Himmel: Im übertragenen Sinn beschreibt »Himmel« den Bereich, in dem Gott wohnt.

Menschensohn: Bezeichnung, die zum Ausdruck bringt, dass Menschen Geschöpfe Gottes sind. Im Neuen Testament ein Titel für Jesus, der von Gott zum Herrscher und Retter der Welt bestimmt wurde.

Herrlichkeit: Bezeichnet das, was einer Person Ansehen und Macht verleiht. Gottes Herrlichkeit stellt man sich auch als strahlenden Lichtglanz vor.

Gleichnis: Erzählung, die ihre Botschaft in Bildern und Vergleichen vermittelt.

Reich Gottes: Wörtlich »Königsherrschaft Gottes«. Bezeichnet den Herrschaftsbereich, in dem sich Gottes Wille durchsetzt.

Amen: Das hebräische Wort bedeutet »So ist es! / So soll es sein!«

Gebet: Reden des Menschen mit Gott.

Ölberg: Berg etwa 1 km östlich von Jerusalem.

Leiden, Tod und Auferstehung von Jesus

22,1–24,53

Die Passionsgeschichte: Jesus wird verurteilt, gekreuzigt und begraben 22,1–23,56

Pläne gegen Jesus

→Matthäus 26,1-5; Markus 14,1-2; Johannes 11,45-53

22 1 Es war kurz vor dem Fest der ungesäuerten Brote,
das Passafest genannt wird.
2 Die führenden Priester und die Schriftgelehrten
suchten nach einer Möglichkeit, Jesus umzubringen.
Denn sie hatten Angst vor dem Volk.

Judas wird zum Verräter

→Matthäus 26,14-16; Markus 14,10-11

3 Da ergriff der Satan Besitz von Judas,
der auch Iskariot genannt wurde.
Er war einer aus dem Kreis der Zwölf.
4 Judas ging zu den führenden Priestern
und den Hauptleuten der Tempelwache.
Er besprach mit ihnen,
wie er ihnen Jesus ausliefern konnte.
5 Sie waren hocherfreut
und vereinbarten, ihm Geld dafür zu geben.
6 Judas war einverstanden.
Von da an suchte er nach einer günstigen Gelegenheit,
ihnen Jesus auszuliefern.
Das Volk sollte nichts davon bemerken.

Vorbereitungen zum Passamahl

→Matthäus 26,17-19; Markus 14,12-16

7 Es kam das Fest der ungesäuerten Brote.
Am ersten Tag musste das Passalamm geschlachtet werden.
8 Jesus schickte Petrus und Johannes los.
Er sagte: »Geht voraus
und bereitet das Passamahl für uns vor,
damit wir es essen können.«
9 Sie antworteten: »Wo sollen wir es vorbereiten?«
10 Da sagte er zu ihnen: »Wenn ihr in die Stadt kommt,
werdet ihr einem Menschen begegnen,
der einen Wasserkrug trägt.
Folgt ihm bis zu dem Haus, in das er hineingeht.
11 Sagt zu dem Eigentümer des Hauses:
›Der Lehrer lässt fragen:
Wo ist der Raum, in dem ich mit meinen Jüngern
das Passamahl feiern kann?‹

Passafest: Fest, das jährlich im Frühjahr gefeiert wird und an die Befreiung des Volkes Israel aus der Sklaverei in Ägypten erinnert; vgl. 2. Mose/Exodus 12–13.

führende Priester: Der amtierende Hohepriester, seine Vorgänger und weitere Priester aus der Führungsschicht.

Schriftgelehrte: Menschen, deren Aufgabe das Studium und die Auslegung der Heiligen Schrift ist.

Satan, Teufel: Gegenspieler Gottes. Er versucht, die Menschen zu einem Verhalten zu bewegen, das Gottes Willen widerspricht.

die Zwölf: Meint die zwölf Jünger, die während der Zeit seines Wirkens bei Jesus waren.

Passamahl: Festliche Mahlzeit, die fester Bestandteil des Passafestes ist. Zur Mahlzeit gehören ungesäuerte Brote und das Passalamm.

Jünger: Wörtlich »Schüler«. Frauen und Männer, die ihrem Lehrer folgten und von ihm lernten.

[12] Er wird euch einen großen Raum im ersten Stock zeigen,
der mit Polstern ausgestattet ist.
Dort bereitet alles vor.«
[13] Sie gingen los und fanden alles genauso,
wie Jesus es ihnen gesagt hatte.
Und sie bereiteten das Passamahl vor.

Jesus feiert mit den Aposteln das Passamahl

→ Matthäus 26,20-29; Markus 14,17-25

[14] Als die Stunde für das Passamahl gekommen war,
legte sich Jesus mit den Aposteln zu Tisch.
[15] Jesus sagte zu ihnen:
»Ich habe mich sehr danach gesehnt,
dieses Passamahl mit euch zu essen,
bevor mein Leiden beginnt.
[16] Das sage ich euch:
Ich werde das Passamahl so lange nicht mehr essen,
bis es im Reich Gottes in Vollendung gefeiert wird.«

[17] Dann nahm Jesus den Becher, dankte Gott und sagte:
»Nehmt diesen Becher und teilt den Wein unter euch!
[18] Das sage ich euch:
Ich werde von nun an keinen Wein mehr trinken –
so lange, bis das Reich Gottes kommt.«
[19] Anschließend nahm er das Brot.
Er dankte Gott, brach das Brot in Stücke,
gab es ihnen und sagte:
»Das ist mein Leib, der für euch gegeben wird.
Tut das zur Erinnerung an mich.«
[20] Ebenso nahm Jesus nach dem Essen den Becher
und sagte: »Dieser Becher steht für den neuen Bund,
den Gott mit den Menschen schließt –
durch mein Blut, das für euch vergossen wird.«

Wer ist der Verräter?

→ Matthäus 26,21-25; Markus 14,18-21; Johannes 13,21-30

[21] »Aber seht euch vor: Einer wird mich verraten.
Er sitzt hier mit mir am Tisch.
[22] Der Menschensohn muss den Weg gehen,
den Gott für ihn bestimmt hat.
Aber wehe dem Menschen, der ihn verrät!«
[23] Da fingen die Jünger an, sich gegenseitig zu fragen:
»Wer von uns könnte es sein?«

Wer ist der Wichtigste?

→ Matthäus 19,28; 20,25-28; Markus 10,42-45

[24] Die Jünger begannen darüber zu streiten,
wer von ihnen der Wichtigste war.

Apostel: Wörtlich »Ausgesandte«. Menschen, die dazu berufen sind, die Gute Nachricht von Jesus Christus zu verkünden. Im engeren Sinn die zwölf Jünger von Jesus, die ihn während seines Lebens begleiteten.

Reich Gottes: Wörtlich »Königsherrschaft Gottes«. Bezeichnet den Herrschaftsbereich, in dem sich Gottes Wille durchsetzt.

neuer Bund: Durch Tod und Auferstehung von Jesus Christus wird der Bund, den Gott mit Israel am Berg Sinai geschlossen hat, erneuert und auf die ganze Welt übertragen. Gottes Zusage, sich um sein Volk zu kümmern, gilt damit für alle Menschen, die an ihn glauben.

zu Tisch liegen: Bei festlichen Anlässen war es in der griechisch-römischen Welt üblich, beim Essen zu liegen.

Satan, Teufel: Gegenspieler Gottes. Er versucht, die Menschen zu einem Verhalten zu bewegen, das Gottes Willen widerspricht.

durchsieben: Um Getreidekörner vor dem Mahlen von den letzten Verunreinigungen zu trennen, werden sie gesiebt.

Glaube, glauben: Meint das tiefe Vertrauen auf Gott, das zu einem Leben nach seinem Willen führt.

Bruder, Schwester: Wörtlich »Bruder«. Das griechische Wort bezeichnet männliche *und* weibliche Mitglieder der Gemeinde.

25 Aber Jesus sagte zu ihnen:
»Die Könige herrschen über ihre Völker,
und die Machthaber lassen sich Wohltäter nennen.
26 Aber ihr sollt nicht so sein:
Sondern wer unter euch der Wichtigste ist,
soll sein wie der Geringste –,
und wer führen will, wie einer, der dient.
27 Wer ist denn wichtiger?
Der zu Tisch liegt und isst oder der ihn bedient?
Natürlich der zu Tisch liegt!
Doch ich bin unter euch wie einer, der dient.
28 Ihr habt mit mir durchgehalten,
wann immer ich auf die Probe gestellt wurde.
29 So gebe ich euch Anteil an der Herrschaft,
die mein Vater mir übertragen hat:
30 In meinem Reich sollt ihr an meinem Tisch
essen und trinken.
Ihr sollt auf Thronen sitzen
und über die zwölf Stämme Israels Gericht halten.«

Jesus sagt das Versagen von Petrus voraus

→ Matthäus 26,33-34; Markus 14,29-30; Johannes 13,36-38

31 »Simon, Simon!
Sieh doch: Der Satan hat sich von Gott erbeten,
euch durchzusieben wie den Weizen!
32 Aber ich habe für dich gebetet,
dass dein Glaube nicht aufhört.
Wenn du dann wieder zu mir zurückgekehrt bist,
sollst du deine Brüder und Schwestern stärken.«
33 Petrus entgegnete Jesus:
»Herr! Ich bin bereit, mit dir ins Gefängnis zu gehen –
ja, sogar mit dir zu sterben!«
34 Aber Jesus erwiderte: »Das sage ich dir, Petrus:
Noch bevor heute der Hahn kräht,
wirst du dreimal abstreiten, dass du mich kennst.«

Von jetzt an wird für die Jünger alles anders

35 Jesus fragte die Jünger:
»Ich habe euch ohne Geldbeutel,
ohne Vorratstasche und ohne Sandalen ausgesandt.
Hat euch da irgendetwas gefehlt?«
Sie antworteten: »Nein, nichts!«
36 Jesus sagte zu ihnen: »Von jetzt an gilt:
Wer einen Geldbeutel hat, soll ihn mitnehmen
und ebenso eine Vorratstasche.
Wer aber nichts anderes hat,
soll seinen Mantel zu Geld machen
und sich dafür ein Schwert kaufen.

37 Das sage ich euch:
An mir muss in Erfüllung gehen,
was in der Heiligen Schrift steht:
›Er wurde zu den Schuldigen gezählt.‹
Denn was über mich vorausgesagt ist,
trifft jetzt ein.«
38 Die Jünger sagten: »Herr, sieh doch:
Hier haben wir zwei Schwerter.«
Aber er antwortete: »Genug davon!«

Jesus betet im Garten Getsemani

→ Matthäus 26,36-46; Markus 14,32-42

39 Jesus verließ die Stadt
und ging wie gewohnt zum Ölberg.
Die Jünger folgten ihm.
40 Als er dort ankam, sagte er zu ihnen:
»Betet, damit ihr die kommende Prüfung besteht!«
41 Er selbst ging noch ein paar Schritte weiter –
etwa einen Steinwurf weit.
Dann kniete er nieder und betete.
42 Er sagte: »Vater, wenn du willst,
nimm diesen Becher weg,
damit ich ihn nicht trinken muss!
Aber nicht, was ich will, soll geschehen,
sondern was du willst!«
[43 Da erschien ihm ein Engel vom Himmel und stärkte ihn.
44 Todesangst überfiel ihn,
und er betete noch angespannter.
Dabei tropfte sein Schweiß wie Blut auf den Boden.]
45 Dann stand er vom Gebet auf
und ging zurück zu den Jüngern.
Er sah, dass sie vor lauter Trauer eingeschlafen waren.
46 Er fragte sie: »Wie könnt ihr nur schlafen?
Steht auf und betet,
damit ihr die kommende Prüfung besteht!«

Jesus wird verhaftet

→ Matthäus 26,47-56; Markus 14,43-50; Johannes 18,3-11; 18,20

47 Noch während Jesus das sagte, näherte sich eine Truppe.
Judas, einer der Zwölf, ging an der Spitze.
Er kam auf Jesus zu,
um ihn zu küssen.
48 Aber Jesus sagte zu ihm:
»Judas, willst du den Menschensohn
wirklich mit einem Kuss verraten?«
49 Da verstanden seine Begleiter, was geschehen sollte.
Sie fragten:
»Herr, sollen wir mit dem Schwert zuschlagen?«

in der Heiligen Schrift steht: Zitat aus Jesaja 53,12.

Ölberg: Berg etwa 1 km östlich von Jerusalem.

Gebet: Reden des Menschen mit Gott.

Becher: Bei den Propheten des Alten Testaments Bild für das Gericht Gottes, das Menschen wie Betrunkene wanken lässt; vgl. Jeremia 25,15-29. Mit diesem Bild verweist Jesus auf seinen gewaltsamen Tod am Kreuz.

[...]: Die Verse Lukas 22,43-44 fehlen in den wichtigsten Handschriften.

die Zwölf: Meint die zwölf Jünger, die während der Zeit seines Wirkens bei Jesus waren.

küssen: Geste, die die gegenseitige Verbundenheit zum Ausdruck bringt. In der Antike war ein Kuss zur Begrüßung und zum Abschied üblich.

Menschensohn: Bezeichnung, die zum Ausdruck bringt, dass Menschen Geschöpfe Gottes sind. Im Neuen Testament ein Titel für Jesus, der von Gott zum Herrscher und Retter der Welt bestimmt wurde.

Hohepriester: Hatte die Aufsicht über alles, was das Heiligtum, den Gottesdienst und den Dienst der Priester betraf.

führende Priester: Der amtierende Hohepriester, seine Vorgänger und weitere Priester aus der Führungsschicht.

Ratsälteste: Mitglieder des jüdischen Rats, der obersten Behörde zur Regelung religiöser Angelegenheiten.

Galiläa: Gebiet zwischen dem See Gennesaret und der nördlichen Küstenebene.

Herr: Anrede und Bezeichnung für Jesus. Sie bringt zum Ausdruck, dass man sich in seinen Dienst stellt.

50 Und einer von ihnen schlug nach einem der Männer,
die dem Hohepriester unterstanden.
Er hieb ihm das rechte Ohr ab.
51 Aber Jesus sagte: »Hört auf damit!«
Er berührte das Ohr und heilte den Mann.
52 Dann wandte er sich an die Leute,
die ihn festnehmen wollten: die führenden Priester,
die Hauptmänner der Tempelwache und die Ratsältesten.
Er sagte:
»Mit Schwertern und Knüppeln seid ihr hier angerückt!
Bin ich denn ein Verbrecher?
53 Ich war täglich bei euch im Tempel.
Aber dort habt ihr keine Hand gegen mich erhoben.
Doch jetzt ist eure Stunde gekommen,
und die Finsternis tritt ihre Herrschaft an.«

Petrus verleugnet Jesus

→ Matthäus 26,57-58; 26,69-75; Markus 14,53-54; 14,66-72; Johannes 18,12-18; 18,25-27

54 Die Männer nahmen Jesus fest, führten ihn ab
und brachten ihn in das Haus des Hohepriesters.
Petrus folgte in einiger Entfernung.
55 In der Mitte des Hofes brannte ein Feuer,
um das sich einige Leute versammelt hatten.
Petrus setzte sich mitten unter sie.
56 Ein Dienstmädchen sah Petrus dort
im Schein des Feuers sitzen.
Sie musterte ihn aufmerksam und sagte:
»Der da war auch mit ihm zusammen!«
57 Petrus stritt das ab und sagte:
»Ich kenne ihn gar nicht, Frau!«
58 Kurz darauf sah ihn jemand anderes und sagte:
»Du gehörst auch zu denen!«
Aber Petrus erwiderte:
»Mensch, ich doch nicht!«
59 Etwa eine Stunde später behauptete ein anderer:
»Ganz bestimmt gehört er zu denen!
Er kommt doch auch aus Galiläa.«
60 Aber Petrus stritt es wieder ab:
»Mensch, ich weiß überhaupt nicht, wovon du sprichst.«
Im selben Moment, während er noch redete,
krähte ein Hahn.
61 Der Herr drehte sich um und blickte Petrus an.
Da erinnerte sich Petrus an das,
was der Herr zu ihm gesagt hatte:
»Noch bevor heute der Hahn kräht,
wirst du dreimal abstreiten, mich zu kennen.«
62 Und Petrus lief hinaus und weinte heftig.

Jesus wird verspottet und geschlagen

→Matthäus 26,67-68; Markus 14,65

63 Die Männer, die Jesus bewachten,
verspotteten und schlugen ihn.
64 Sie warfen ihm ein Tuch über und forderten ihn auf:
»Du bist doch ein Prophet!
Sag uns: Wer hat dich geschlagen?«
65 Und noch viele andere Beschimpfungen
musste er über sich ergehen lassen.

Jesus vor dem jüdischen Rat

→Matthäus 26,64-65; 27,1; Markus 14,53; 14,61-64; 15,1

66 Als es Tag wurde,
versammelten sich die Ratsältesten des Volkes,
dazu die führenden Priester und Schriftgelehrten.
Dann ließen sie Jesus vor den jüdischen Rat führen.
67 Sie forderten ihn auf:
»Wenn du der Christus bist, dann sag es uns!«
Jesus antwortete:
»Wenn ich es euch sage, werdet ihr mir nicht glauben!
68 Und wenn ich euch etwas frage,
werdet ihr nicht antworten.
69 Aber von jetzt an wird der Menschensohn
an der rechten Seite des allmächtigen Gottes sitzen.«
70 Da riefen alle: »Also bist du der Sohn Gottes?«
Jesus antwortete: »Ihr sagt es – ich bin es!«
71 Da sagten sie:
»Wozu brauchen wir noch weitere Zeugenaussagen?
Wir haben es aus seinem eigenen Mund gehört!«

Jesus wird von Pilatus verhört

→Matthäus 27,2; 27,11-14; Markus 15,1-5; Johannes 18,28-38

23 1 Die ganze Ratsversammlung erhob sich,
und sie führten Jesus zu Pilatus.
2 Dort brachten sie ihre Anklagepunkte gegen ihn vor:
»Wir haben festgestellt,
dass dieser Mann unser Volk aufhetzt.
Er sagt: ›Gebt dem Kaiser keine Steuern!‹,
und: ›Ich bin Christus, der König!‹«
3 Pilatus fragte ihn: »Bist du der König der Juden?«
Jesus antwortete: »Du sagst es.«
4 Pilatus sagte zu den führenden Priestern
und der Volksmenge:
»Ich finde keine Schuld an diesem Menschen.«
5 Aber sie bestanden darauf:
»Mit seiner Lehre hetzt er
im ganzen jüdischen Land das Volk auf –
angefangen von Galiläa bis hierher!«

Schriftgelehrte: Menschen, deren Aufgabe das Studium und die Auslegung der Heiligen Schrift ist.

jüdischer Rat: Oberste Behörde zur Regelung religiöser Angelegenheiten.

Christus: Bedeutet übersetzt »der Gesalbte«. Im Alten Testament werden Könige, aber auch Propheten und Priester bei Amtsantritt gesalbt. Später wird der von Gott zum Herrscher der Welt bestimmte Retter so genannt. Im Neuen Testament ist das Jesus.

Sohn Gottes: Titel, der das besondere Vertrauensverhältnis eines Menschen zu Gott zum Ausdruck bringt. Im Neuen Testament wird der Titel ausschließlich für Jesus verwendet.

Pontius Pilatus: Verwaltete 26–36 n. Chr. die römischen Provinzen Judäa und Samaria im Auftrag des Kaisers.

König der Juden: Nachdem das Königreich Israel untergegangen war, hoffte man darauf, dass Gott einen Nachkommen von König David als Retter und Erlöser Israels senden würde.

Pontius Pilatus: Verwaltete 26–36 n. Chr. die römischen Provinzen Judäa und Samaria im Auftrag des Kaisers.

Herodes Antipas: Sohn von Herodes dem Großen und Herrscher über Galiläa und Peräa (4 v. Chr.–39 n. Chr.).

Jerusalem: Mit dem Tempel religiöses und kulturelles Zentrum des Landes.

Zeichen, Wunder: Ausweis der göttlichen Vollmacht, mit der eine Person handelt.

jüdischer Rat: Oberste Behörde zur Regelung religiöser Angelegenheiten.

[...]: Einige spätere Handschriften fügen hinzu: »Jedes Jahr zum Passafest begnadigte Pilatus einen Gefangenen.«

Jesus wird Herodes Antipas übergeben

6 Als Pilatus das hörte, fragte er:
»Kommt dieser Mann aus Galiläa?«
7 Die Leute antworteten:
»Ja, er kommt aus dem Herrschaftsgebiet von Herodes.«
Da ließ Pilatus Jesus zu Herodes bringen.
Herodes hielt sich zu dieser Zeit
gerade in Jerusalem auf.
8 Als Herodes Jesus sah, freute er sich sehr.
Er wollte ihn schon lange kennenlernen,
denn er hatte viel von ihm gehört.
Vor allem hoffte er, eines seiner Wunder mitzuerleben.
9 Herodes stellte ihm viele Fragen.
Aber Jesus gab ihm keine Antwort.
10 Die führenden Priester und Schriftgelehrten
standen dabei und beschuldigten ihn schwer.

11 Herodes und seine Soldaten
hatten nur Verachtung für ihn übrig.
Um ihn lächerlich zu machen,
zogen sie ihm ein prächtiges Gewand an.
Dann schickten sie ihn zu Pilatus zurück.
12 An diesem Tag wurden Herodes und Pilatus Freunde –
vorher waren sie Feinde gewesen.

Pilatus stellt die Unschuld von Jesus fest

13 Pilatus ließ die führenden Priester zusammenrufen,
dazu die anderen Mitglieder des jüdischen Rates
und das Volk.
14 Er sagte zu ihnen:
»Ihr habt diesen Menschen zu mir gebracht,
weil er angeblich das Volk aufhetzt.
Also habe ich ihn in eurem Beisein verhört.
Keiner eurer Anklagepunkte hat sich bestätigt.
15 Ja sogar Herodes hat ihn zu uns zurückgeschickt.
Seht doch:
Er hat nichts getan, wofür er den Tod verdient.
16 Ich lasse ihn auspeitschen, dann gebe ich ihn frei.«
17 [...]

Jesus wird zum Tod verurteilt

→ *Matthäus 27,15-26; Markus 15,6-15; Johannes 18,39-40; 19,4-16*

18 Da schrien sie alle wie aus einem Mund:
»Weg mit ihm! Gib uns Barabbas frei!«
19 Barabbas hatte sich
an einem Aufruhr in der Stadt beteiligt
und einen Mord begangen –
deshalb saß er im Gefängnis.

20 Noch einmal redete Pilatus den Leuten zu,
denn er wollte Jesus freilassen.
21 Aber die schrien: »Kreuzige, kreuzige ihn!«
22 Da wandte er sich zum dritten Mal an sie:
»Was hat er denn verbrochen?
Ich kann nichts an ihm finden, wofür er den Tod verdient.
Ich lasse ihn auspeitschen, dann gebe ich ihn frei.«
23 Aber sie bedrängten ihn weiter
und schrien immer lauter: »Ans Kreuz mit ihm!«

Zuletzt hatte ihr Geschrei Erfolg:
24 Pilatus entschied, ihre Forderung zu erfüllen.
25 Er ließ den Mann frei, um den sie gebeten hatten –
der wegen Aufruhr und Mord im Gefängnis saß.
Aber Jesus lieferte er aus,
so wie sie es gewollt hatten.

Jesus auf dem Weg zur Hinrichtung

→ Matthäus 27,32; Markus 15,21

26 Die Soldaten führten Jesus zur Hinrichtung.
Unterwegs hielten sie Simon von Kyrene an,
der gerade vom Feld zurückkam.
Sie luden ihm das Kreuz auf,
damit er es hinter Jesus hertrug.
27 Viele Leute aus dem Volk folgten Jesus.
Darunter waren Frauen, die sich auf die Brust schlugen
und um ihn weinten.
28 Aber Jesus drehte sich zu ihnen um und sagte:
»Ihr Töchter von Jerusalem, weint nicht um mich!
Weint vielmehr um euch selbst und um eure Kinder.
29 Denn bald kommt die Zeit,
in der die Menschen sagen werden:
›Glückselig sind die Frauen,
die keine Kinder bekommen können
der Schoß, der kein Kind geboren hat,
und die Brüste, die nie gestillt haben.‹
30 Dann werden die Leute zu den Bergen sagen:
›Stürzt auf uns!‹,
und zu den Hügeln: ›Begrabt uns!‹
31 Denn wenn schon das grüne Holz angezündet wird,
was wird dann erst mit dem trockenen geschehen?«
32 Zusammen mit Jesus wurden auch zwei Verbrecher
zur Hinrichtung geführt.

Jesus wird gekreuzigt

→ Matthäus 27,33-44; Markus 15,22-32; Johannes 19,17-29

33 So kamen sie zu der Stelle,
die »Schädel« genannt wird.

Kreuzigung: Verurteilte Sklaven, Räuber und Aufrührer wurden von den Römern am Kreuz hingerichtet.

sich auf die Brust schlagen: Ausdruck von Trauer und Schmerz.

grünes Holz: Bild für Jesus, der am Kreuz einen grausamen Tod stirbt, obwohl er unschuldig ist. Um wie viel grausamer wird daher der Tod der schuldigen Menschen sein.

[...]: Der Anfang von Vers 34 fehlt in den wichtigsten Handschriften.

Vater: Vertrauensvolle Anrede oder Bezeichnung für Gott.

jüdischer Rat: Oberste Behörde zur Regelung religiöser Angelegenheiten.

Christus: Bedeutet übersetzt »der Gesalbte«. Im Alten Testament werden Könige, aber auch Propheten und Priester bei Amtsantritt gesalbt. Später wird der von Gott zum Herrscher der Welt bestimmte Retter so genannt. Im Neuen Testament ist das Jesus.

Amen: Das hebräische Wort bedeutet »So ist es! / So soll es sein!«

neunte Stunde: Die Zeit zwischen Sonnenaufgang und -untergang wurde in zwölf Stunden eingeteilt, die je nach Jahreszeit unterschiedlich lang waren. Die neunte Stunde ist nachmittags, etwa um 15.00 Uhr.

Vorhang: Trennte das Allerheiligste von dem Bereich, der für alle Menschen zugänglich war. Das Zerreißen des Vorhangs macht deutlich: Der Weg zu Gott ist jetzt für alle frei.

Gerechte: Menschen, die Gottes Gebote befolgen, sodass das Leben in Gemeinschaft miteinander gelingt.

Dort kreuzigten sie Jesus und die beiden Verbrecher –
den einen rechts, den anderen links von ihm.
34 [Aber Jesus sagte: »Vater, vergib ihnen.
Denn sie wissen nicht, was sie tun.«]
Die Soldaten verteilten seine Kleider
und losten sie untereinander aus.
35 Das Volk stand dabei und schaute zu.

Die Mitglieder des jüdischen Rates verspotteten ihn.
Sie sagten: »Andere hat er gerettet.
Jetzt soll er sich selbst retten,
wenn er der Christus ist, den Gott erwählt hat.«
36 Auch die Soldaten trieben ihren Spott mit ihm.
Sie gingen zu Jesus und reichten ihm Essig.
37 Dabei sagten sie:
»Wenn du der König der Juden bist, rette dich selbst!«
38 Über Jesus war ein Schild angebracht:
»Das ist der König der Juden.«
39 Auch einer der Verbrecher,
die mit ihm gekreuzigt worden waren,
verspottete Jesus.
Er sagte: »Bist du nicht der Christus?
Dann rette doch dich und uns!«
40 Aber der andere wies ihn zurecht:
»Fürchtest du noch nicht einmal Gott?
Dich hat doch dieselbe Strafe getroffen wie ihn!
41 Wir werden zu Recht bestraft
und bekommen, was wir verdient haben.
Aber er hat nichts Unrechtes getan!«
42 Und zu Jesus sagte er: »Jesus, denke an mich,
wenn du in dein Reich kommst.«
43 Jesus antwortete: »Amen, das sage ich dir:
Heute noch wirst du mit mir im Paradies sein!«

Jesus stirbt

→ Matthäus 27,45-56; Markus 15,33-41; Johannes 19,28-30

44 Es war schon um die sechste Stunde,
da breitete sich im ganzen Land Finsternis aus.
Das dauerte bis zur neunten Stunde –
45 so lange hatte die Sonne aufgehört zu scheinen.
Dann zerriss der Vorhang im Tempel mitten durch.
46 Und Jesus schrie laut:
»Vater, ich lege mein Leben in deine Hand.«
Nach diesen Worten starb er.
47 Der römische Hauptmann sah genau,
was geschah.
Da lobte er Gott und sagte:
»Dieser Mensch war wirklich ein Gerechter.«

[48] Eine große Menge Schaulustiger war gekommen
und sah alles, was dort geschah.
Da schlugen sie sich auf die Brust
und kehrten in die Stadt zurück.
[49] In einiger Entfernung standen die beieinander,
die Jesus kannten.
Unter ihnen waren die Frauen, die Jesus gefolgt waren,
seit er in Galiläa gewirkt hatte.
Auch sie sahen alles mit an.

Jesus wird ins Grab gelegt

→ Matthäus 27,57-61; Markus 15,42-47; Johannes 19,38-42

[50] Unter den Ratsältesten war ein Mann namens Josef,
der vorbildlich und gerecht vor Gott lebte.
[51] Dem Beschluss und dem Vorgehen des jüdischen Rates
hatte er nicht zugestimmt.
Josef kam aus Arimatäa, einer Stadt in Judäa.
Er wartete darauf,
dass Gott sein Reich in der Welt anbrechen lässt.
[52] Dieser Josef ging zu Pilatus
und bat ihn um den Leichnam von Jesus.
[53] Dann nahm er ihn vom Kreuz ab
und wickelte ihn in ein Leinentuch.
Schließlich legte er ihn in eine Grabkammer.
Die war in Felsen gehauen,
und es hatte noch niemand in ihr gelegen.
[54] Das geschah an dem Tag,
an dem der Sabbat vorbereitet wurde.

[55] Die Frauen, die zusammen mit Jesus
aus Galiläa gekommen waren, gingen Josef nach.
Sie sahen das Grab und beobachteten,
wie der Leichnam hineingelegt wurde.
[56] Dann kehrten sie in die Stadt zurück
und bereiteten wohlriechende Öle und Salben vor.
Aber den Sabbat verbrachten sie in Ruhe,
wie das Gesetz es vorschreibt.

Die Ostergeschichte: Jesus ist auferstanden 24,1-53

Die Frauen am leeren Grab

→ Matthäus 28,1-6; Markus 16,1-8; Johannes 20,1-2

24 [1] Am ersten Tag der neuen Woche gingen die Frauen
gleich in der Morgendämmerung zum Grab.
Sie brachten die wohlriechenden Öle mit,
die sie vorbereitet hatten.
[2] Da entdeckten sie, dass der Stein vom Grab weggerollt war.

sich auf die Brust schlagen: Ausdruck von Trauer und Schmerz.

Ratsälteste: Mitglieder des jüdischen Rats, der obersten Behörde zur Regelung religiöser Angelegenheiten.

Pontius Pilatus: Verwaltete 26–36 n. Chr. die römischen Provinzen Judäa und Samaria im Auftrag des Kaisers.

Sabbat: In der Bibel der siebte Tag der Woche, heute unser Samstag. Er gilt im Judentum als Feiertag, an dem nicht gearbeitet werden darf.

Gesetz: Die Lebensvorschriften des Alten Testaments, besonders die fünf Bücher Mose.

erster Tag der neuen Woche: Gemeint ist der Sonntag. Die jüdische Woche endet mit dem Sabbat, unserem Samstag.

Herr: Titel für Jesus Christus. Im griechischen Alten Testament steht das Wort »Herr« an den Stellen, an denen im hebräischen Text der Gottesname steht. Wenn Jesus Christus so genannt wird, kommt darin zum Ausdruck: In ihm begegnet Gott selbst den Menschen.

Auferweckung: Meint die Auferstehung vom Tod und das ewige Leben im Reich Gottes.

Menschensohn: Bezeichnung, die zum Ausdruck bringt, dass Menschen Geschöpfe Gottes sind. Im Neuen Testament ein Titel für Jesus, der von Gott zum Herrscher und Retter der Welt bestimmt wurde.

Sünder: Menschen, die sich von Gott abgewendet haben und seinen Willen missachten.

Apostel: Wörtlich »Ausgesandte«. Menschen, die dazu berufen sind, die Gute Nachricht von Jesus Christus zu verkünden. Im engeren Sinn die zwölf Jünger von Jesus, die ihn während seines Lebens begleiteten.

3 Sie gingen in die Grabkammer.
Doch den Leichnam von Jesus, dem Herrn,
konnten sie nicht finden.

4 Sie überlegten noch,
was sie von alldem halten sollten.
Da traten zwei Männer
in leuchtenden Gewändern zu ihnen.
5 Die Frauen erschraken und hielten den Blick gesenkt.
Die beiden Männer sagten zu ihnen:
»Warum sucht ihr den Lebenden bei den Toten?
6 Er ist nicht hier:
Gott hat ihn von den Toten auferweckt!
Erinnert euch an das,
was er damals in Galiläa zu euch gesagt hat:
7 ›Der Menschensohn muss ausgeliefert werden
in die Hände der Sünder und am Kreuz sterben.
Aber am dritten Tag wird er von den Toten auferstehen.‹«
8 Da erinnerten sich die Frauen an das,
was Jesus gesagt hatte.

Petrus am leeren Grab

→ Matthäus 28,7-10; Markus 16,7-8; Johannes 20,3-10

9 Die Frauen kehrten vom Grab zurück
und berichteten alles den elf Jüngern
und den anderen Anwesenden.
10 Es waren Maria aus Magdala, Johanna,
Maria, die Mutter von Jakobus,
und noch andere, die zu ihnen gehörten.
Die Frauen erzählten den Aposteln,
was sie erlebt hatten.
11 Die Apostel hielten ihren Bericht für reine Erfindung
und glaubten ihnen nicht.
12 Aber Petrus stand auf und rannte zum Grab.
Er schaute hinein, sah aber nur die Leinenbinden.
So ging er wieder zurück und fragte sich verwundert,
was da wohl geschehen war.

Jesus begleitet zwei Jünger auf dem Weg nach Emmaus

13 Am selben Tag waren zwei Jünger unterwegs
zu dem Dorf Emmaus.
Es lag gut zehn Kilometer von Jerusalem entfernt.
14 Sie unterhielten sich über alles,
was sie in den letzten Tagen erlebt hatten.
15 Während sie noch redeten und hin und her überlegten,
kam Jesus selbst dazu und ging mit ihnen.

16 Aber es war, als ob ihnen jemand die Augen zuhielt,
und sie erkannten ihn nicht.

17 Er fragte sie:
»Worüber unterhaltet ihr euch auf eurem Weg?«
Da blieben sie traurig stehen.
18 Einer von ihnen – er hieß Kleopas – antwortete:
»Du bist wohl der Einzige in Jerusalem, der nicht weiß,
was dort in diesen Tagen passiert ist?«
19 Jesus fragte sie: »Was denn?«
Sie sagten zu ihm: »Das mit Jesus aus Nazaret!
Er war ein großer Prophet.
Das hat er durch sein Wirken und seine Worte
vor Gott und dem ganzen Volk gezeigt.
20 Unsere führenden Priester
und die anderen Mitglieder des jüdischen Rates
ließen ihn zum Tod verurteilen und kreuzigen.
21 Wir hatten doch gehofft,
dass er der erwartete Retter Israels ist.
Aber nun ist es schon drei Tage her,
seit das alles geschehen ist.
22 Und dann haben uns einige Frauen,
die zu uns gehören, in Aufregung versetzt:
Sie waren frühmorgens am Grab.
23 Aber sie konnten seinen Leichnam nicht finden.
Sie kamen zurück und berichteten:
›Wir haben Engel gesehen.
Die haben uns gesagt, dass Jesus lebt!‹
24 Einige von uns sind sofort zum Grab gelaufen.
Sie fanden alles so vor, wie die Frauen gesagt haben –
aber Jesus selbst haben sie nicht gesehen.«

25 Da sagte Jesus zu den beiden:
»Warum seid ihr so begriffsstutzig?
Warum fällt es euch so schwer zu glauben,
was die Propheten gesagt haben?
26 Musste der Christus das nicht alles erleiden,
um in die Herrlichkeit seines Reiches zu gelangen?«
27 Und Jesus erklärte ihnen,
was in der Heiligen Schrift über ihn gesagt wurde –
angefangen bei Mose bis hin zu allen Propheten.

Jesus gibt sich den beiden Jüngern zu erkennen

28 So erreichten sie das Dorf,
zu dem sie unterwegs waren.
Jesus tat so, als wollte er weiterziehen.

jüdischer Rat: Oberste Behörde zur Regelung religiöser Angelegenheiten.

Kreuzigung: Verurteilte Sklaven, Räuber und Aufrührer wurden von den Römern am Kreuz hingerichtet.

Retter Israels: Bezeichnung für Jesus, der ein Nachkomme von König David war. Nachdem Davids Königreich untergegangen war, hoffte man auf einen Nachkommen Davids als Retter und Erlöser Israels; vgl. 2. Samuel 7,12-16.

Christus: Bedeutet übersetzt »der Gesalbte«. Im Alten Testament werden Könige, aber auch Propheten und Priester bei Amtsantritt gesalbt. Später wird der von Gott zum Herrscher der Welt bestimmte Retter so genannt. Im Neuen Testament ist das Jesus.

Mose und Propheten: Zur Zeit von Jesus eine gebräuchliche Bezeichnung für die Heilige Schrift. Christen lesen bestimmte Texte aus dem Alten Testament als Ankündigung für das Schicksal von Jesus Christus. Ein zentraler Text ist beispielsweise Jesaja 52,13–53,12.

[29] Da drängten sie ihn: »Bleib doch bei uns!
Es ist fast Abend, und der Tag geht zu Ende!«
Er ging mit ihnen ins Haus und blieb dort.
[30] Später ließ er sich mit ihnen zum Essen nieder.
Er nahm das Brot, dankte Gott,
brach das Brot in Stücke und gab es ihnen.
[31] Da fiel es ihnen wie Schuppen von den Augen,
und sie erkannten ihn.
Im selben Augenblick verschwand er vor ihnen.

[32] Sie sagten zueinander:
»Brannte unser Herz nicht vor Begeisterung,
als er unterwegs mit uns redete
und uns die Heilige Schrift erklärte?«
[33] Sofort brachen sie auf
und liefen nach Jerusalem zurück.
Dort fanden sie die elf Jünger beieinander,
zusammen mit allen anderen, die zu ihnen gehörten.
[34] Die Jünger riefen ihnen zu:
»Der Herr ist wirklich auferstanden!
Er hat sich Simon gezeigt!«
[35] Da erzählten die beiden,
was sie unterwegs erlebt hatten –
und wie sie den Herrn erkannt hatten,
als er das Brot in Stücke brach.

Jesus zeigt sich seinen Jüngern

→ Johannes 20,19-23

[36] Während sie noch redeten,
stand der Herr plötzlich mitten unter ihnen.
Er sagte: »Friede sei mit euch!«
[37] Da erschraken alle und fürchteten sich.
Denn sie meinten, einen Geist zu sehen.
[38] Jesus sagte zu ihnen: »Warum seid ihr so erschrocken?
Und warum zweifelt ihr in euren Herzen?
[39] Ich bin es wirklich: Seht meine Hände und Füße an.
Fasst mich an und überzeugt euch selbst –
ein Geist hat weder Fleisch noch Knochen,
wie ihr sie bei mir sehen könnt.«
[40] Während er das sagte,
zeigte er ihnen seine Hände und Füße.
[41] Vor lauter Freude
konnten sie es immer noch nicht fassen
und waren außer sich vor Staunen.
Da fragte er: »Habt ihr etwas zu essen hier?«
[42] Sie gaben ihm ein Stück gebratenen Fisch.
[43] Er nahm es und aß es vor ihren Augen.

sie erkannten ihn: Sie erkennen Jesus daran, dass er sich so verhält wie bei dem letzten großen gemeinsamen Essen; vgl. Lukas 22,19.

Jünger: Wörtlich »Schüler«. Frauen und Männer, die ihrem Lehrer folgten und von ihm lernten.

Herr: Titel für Jesus Christus. Im griechischen Alten Testament steht das Wort »Herr« an den Stellen, an denen im hebräischen Text der Gottesname steht. Wenn Jesus Christus so genannt wird, kommt darin zum Ausdruck: In ihm begegnet Gott selbst den Menschen.

Simon: Anderer Name für Petrus, einen der Jünger von Jesus.

Frieden: Umfassender Zustand von Glück und Wohlergehen des Einzelnen und der Gemeinschaft, der aus der Beziehung mit Gott hervorgeht.

Der Auftrag an die Jünger

44 Der Herr sagte zu ihnen:
»Als ich noch bei euch war, habe ich zu euch gesagt:
Es muss alles in Erfüllung gehen,
was über mich geschrieben steht –
im Gesetz des Mose, bei den Propheten
und in den Psalmen.«

45 Dann half er ihnen,
die Heilige Schrift richtig zu verstehen.
46 Er erklärte ihnen:
»In der Heiligen Schrift heißt es:
Der Christus muss leiden
und am dritten Tag von den Toten auferstehen.
47 Und allen Völkern
muss in seinem Namen verkündet werden:
›Ändert euer Leben!
Gott will euch eure Schuld vergeben.‹
Fangt in Jerusalem an!
48 Ihr seid Zeugen für alles, was geschehen ist.
49 Ich werde den Geist zu euch senden,
den mein Vater versprochen hat.
Bleibt hier in der Stadt,
bis ihr diese Kraft von oben empfangen habt.«

Jesus wird in den Himmel aufgenommen

→ Markus 16,19-20

50 Jesus führte sie aus der Stadt hinaus
bis nach Betanien.
Dann hob er die Hände und segnete sie.
51 Noch während er sie segnete,
entfernte er sich von ihnen
und wurde zum Himmel emporgehoben.
52 Sie fielen zu Boden und beteten ihn an.
Dann kehrten sie voller Freude nach Jerusalem zurück.
53 Sie verbrachten die ganze Zeit im Tempel
und lobten Gott.

in Erfüllung gehen: Christen lesen bestimmte Texte aus dem Alten Testament als Ankündigung für das Schicksal von Jesus Christus. Ein zentraler Text ist beispielsweise Jesaja 52,13–53,12.

Christus: Bedeutet übersetzt »der Gesalbte«. Im Alten Testament werden Könige, aber auch Propheten und Priester bei Amtsantritt gesalbt. Später wird der von Gott zum Herrscher der Welt bestimmte Retter so genannt. Im Neuen Testament ist das Jesus.

Schuld: Konkrete Verfehlungen, die von Gott trennen und das Gewissen belasten können.

Geist Gottes: Kraft, durch die Gott in der Welt wirkt.

Segen, segnen: Wer einen anderen Menschen segnet, bittet Gott, dem Gesegneten Kraft, Leben und Wohlergehen zu schenken.

In 45 Tagen durch das Lukasevangelium

Wer diesem Leseplan folgt, liest in fünfundvierzig Tagen das gesamte Lukasevangelium.
Der Einstieg ist an jedem beliebigen Tag möglich, ebenso kann man zwischendurch auch einen oder mehrere Tage aussetzen.
Das Evangelium wurde in überschaubare Portionen aufgeteilt. Wer sich pro Tag etwa 10 bis 15 Minuten Zeit nimmt, kommt problemlos durch die vorgesehenen Abschnitte.

☐	1. Tag	Lukas 1,1-38
☐	2. Tag	Lukas 1,39-56
☐	3. Tag	Lukas 1,57-80
☐	4. Tag	Lukas 2,1-20
☐	5. Tag	Lukas 2,21-52
☐	6. Tag	Lukas 3,1-20
☐	7. Tag	Lukas 3,21–4,13
☐	8. Tag	Lukas 4,14-44
☐	9. Tag	Lukas 5,1-26
☐	10. Tag	Lukas 5,27–6,16
☐	11. Tag	Lukas 6,17-49
☐	12. Tag	Lukas 7,1-17
☐	13. Tag	Lukas 7,18-50
☐	14. Tag	Lukas 8,1-21
☐	15. Tag	Lukas 8,22-56
☐	16. Tag	Lukas 9,1-17
☐	17. Tag	Lukas 9,18-50
☐	18. Tag	Lukas 9,51–10,16
☐	19. Tag	Lukas 10,17-42
☐	20. Tag	Lukas 11,1-28
☐	21. Tag	Lukas 11,29-54
☐	22. Tag	Lukas 12,1-21
☐	23. Tag	Lukas 12,22-59
☐	24. Tag	Lukas 13,1-21
☐	25. Tag	Lukas 13,22-35
☐	26. Tag	Lukas 14,1-24
☐	27. Tag	Lukas 14,25-35
☐	28. Tag	Lukas 15,1-32
☐	29. Tag	Lukas 16,1-15
☐	30. Tag	Lukas 16,16-31
☐	31. Tag	Lukas 17,1-10
☐	32. Tag	Lukas 17,11-37
☐	33. Tag	Lukas 18,1-27
☐	34. Tag	Lukas 18,28–19,10
☐	35. Tag	Lukas 19,11-44
☐	36. Tag	Lukas 19,45–20,19
☐	37. Tag	Lukas 20,20–21,4
☐	38. Tag	Lukas 21,5-38
☐	39. Tag	Lukas 22,1-38
☐	40. Tag	Lukas 22,39-53
☐	41. Tag	Lukas 22,54-71
☐	42. Tag	Lukas 23,1-25
☐	43. Tag	Lukas 23,26-56
☐	44. Tag	Lukas 24,1-35
☐	45. Tag	Lukas 24,36-53

BASISBIBEL.
NT UND PSALMEN
672 Seiten,
Klappenbroschur
ISBN 978-3-438-0**0925**-8

BASISBIBEL.
LUKASEVANGELIUM
112 Seiten, Kartoniert
ISBN 978-3-438-0**0930**-2

BASISBIBEL.
AUSLESE
TASCHENBUCH
216 Seiten, Kartoniert
ISBN 978-3-438-0**0928**-9

BASISBIBEL.
AUSLESE GOSPEL
40 Texte zu 40 Liedern
192 Seiten, Kartoniert
ISBN 978-3-438-0**0929**-6